AF223178

An den Ufern der Unendlichkeit

FSC
www.fsc.org
MIX
Papier aus ver-
antwortungsvollen
Quellen
Paper from
responsible sources
FSC® C105338

Medhananda

An den Ufern
der Unendlichkeit

Liberating Symbols Publishing

Erste englische Ausgabe 1998 mit dem Titel:
With Medhananda on the Shores of Infinity

Erste deutsche Ausgabe 2025

Deutsche Übersetzung von Rosemarie and Christoph Graf
unter Mitarbeit von Hans-R. Höhener

Titelbild: Linda Graf
Einführung: Yvonne Artaud
Glossar: Rosemarie und Christoph Graf

Verlag: BoD · Books on Demand GmbH, Überseering 33,
22297 Hamburg, bod@bod.de
Druck: Libri Plureos GmbH, Friedensallee 273, 22763 Hamburg

ISBN: 978-3-7693-5385-3

© 2025 Liberating Symbols Publishing (LSP)

Alle Rechte vorbehalten. Kein Teil dieser Veröffentlichung darf
ohne vorherige schriftliche Genehmigung des Verlages abgedruckt,
elektronisch gespeichert oder in irgendeiner Form weitergegeben
werden.

www.liberating-symbols-publishing.com
www.medhananda.com

Inhaltsverzeichnis

Asterix [*] im Text weisen auf Erläuterungen im Glossar hin.
*Kursiv geschriebene Texte sind Beifügungen von Yvonne Artaud
(oder Medhananda).*

Einführung:

Auf den Spuren Medhanandas

Medhananda wurde 1908 in Pforzheim, Deutschland, als Fritz Winkelstroeter geboren, Sohn eines wohlhabenden Ingenieurs und Industriellen. Als Kind tauschte er seinen Namen Fritz, den er nur ungern hörte, mit selbst gewählten, meist indianischen Namen aus, in unzähligen Kombinationen und Erfindungen. Sie evozierten in ihm psychologische Fähigkeiten und Möglichkeiten, die er so lange praktizierte, wie seine Identifikation mit einem bestimmten Namen andauerte. Wenn seine Mutter ihn nicht bei dem gewählten Namen rief, antwortete er nicht, so dass sie sich schließlich gezwungen sah, auf ihn einzugehen, da sie befürchtete, er würde die Nacht auf einem Baum in ihrem großen Garten verbringen.

Schon in seiner Kindheit hatte er spirituelle Erfahrungen und fühlte sich von verschiedenen Archetypen und ‚Totemtieren' beschützt, die ihn in seiner inneren Entwicklung begleiteten.

Er lernte Englisch von einem Kindermädchen, später Französisch, und durch seine humanistische Schulbildung auch Latein und Griechisch. Mit dem ersten Taschengeld kaufte er sich ein Buch über die Hindugötter – zur großen Verwunderung seiner Familie.

Trotz seines regen Interesses an den antiken Kulturen, ihren Symbolen und ihrer Spiritualität studierte er, wie sein

Vater es wünschte, in München, Heidelberg und Paris Rechtswissenschaft. Er hatte während dieser Jahre das Glück, von
dem hervorragenden Gelehrten Richard Wilhelm – der das
‚I Ging‘, das ‚Tao Te Ging‘ und viele andere antike Texte aus
dem klassischen Chinesisch übersetzte – unterrichtet und in
die chinesische Kultur und Denkart eingeführt zu werden.

Um dem aufkommenden Nationalsozialismus zu entgehen,
gab er 1934 seine Stelle als Assistenz-Richter am Frankfurter
Oberlandesgericht auf und emigrierte mit seiner französischen
Frau nach Französisch-Polynesien, wo sie zunächst auf Tahiti
lebten. Später konnten sie auf der Nachbarinsel Moorea 200
Hektar Urwald kaufen und Vanille und Kaffee anbauen.

Im dortigen Urwald fand Medhananda die natürlichen
Bedingungen, die sein inneres Leben voll aufblühen ließen.
Seine tiefen Erfahrungen des Einsseins mit allem kamen ganz
spontan.

Gleichzeitig baute er ein Haus, fing und zähmte ein wildes
Pferd, versorgte seine Kühe, produzierte und verkaufte Käse
und unterrichtete seine drei kleinen Kinder zusammen mit
seiner Frau.

Während des Zweiten Weltkrieges wurde er (ein Deutscher)
nahe Tahiti als Ausländer von Französisch-Polynesien fünf
Jahre lang interniert.

Nach Kriegsende, als die *Messageries Maritimes* ihren Schiffs-
verkehr nach Französisch-Polynesien wieder aufnahmen, waren
beim einzigen Buchhändler in Tahiti neben den neuesten
Romanen auch Werke von oder über Ramakrishna, Viveka-
nanda, Brahmananda, Shankara erhältlich – und es gab eine
Liste der neu herausgekommenen Bücher von Sri Aurobindo[*],
die beim Verlag Adrien Maisonneuve in Paris bestellt werden
konnten. So kamen schließlich alle Bücher von Sri Aurobindo,
die zu jener Zeit erhältlich waren, bei Medhananda an. Tief
berührt davon und voller Aspiration, sich dem inneren Leben

und der Realisation eines höheren Bewusstseins* hinzugeben, schrieb er an Sri Aurobindo in Pondicherry (Süd-Indien), und erhielt am 30. Sept. 1949 eine Antwort von ihm, die Pavitra* (dessen Schüler und Sekretär) so formulierte: „Sri Aurobindo hat mich gebeten, Ihren Brief zu beantworten. Er ist bereit, Ihnen auf dem Weg der göttlichen Realisation und der supramentalen Transformation zu helfen [...]"

Anfangs 1951 wurde Medhanandas ‚Realisation‘, die ihm von Sri Aurobindo versprochen worden war, Wirklichkeit.

Danach hörte der Ashram während einiger Monate nichts mehr von ihm, es kamen nur Bestellungen für weitere neuerschienene Bücher von Sri Aurobindo.

Dann, am 31. August 1951, nachdem er von Pavitra einen Prospekt über das geplante internationale Sri Aurobindo-Schulzentrum in Pondicherry erhalten hatte, schrieb Medhananda:

„Begeisterung erfüllt mich, und ich sende Ihnen meine besten Wünsche für einen baldigen Start. Gleichzeitig erneuere ich mein Angebot bedingungsloser Mithilfe und des Dienstes, von Putzarbeiten bis hin zur Mitarbeit im Bereich höherer Studien der vergleichenden Mystik. In der Zwischenzeit könnte ich mithelfen, Backsteine zu legen. Meine ganze Aspiration liegt in diesen Wünschen. Empfangen Sie den Ausdruck meiner totalen Hingabe."

Daraufhin gab ihm die *Mutter** (Mirra Alfassa) die Erlaubnis, in den Ashram zu kommen.

In Französisch-Polynesien war es nicht möglich, einen deutschen Pass und ein Visum zu erhalten. Medhananda reiste ohne diese Ausweise ab, lediglich mit einem Empfehlungsschreiben des Bürgermeisters von Tahiti (Französisch-Polynesien) an den Bürgermeister von Pondicherry (Französisch-Indien). Wenn er auf der Reise nach dem Pass gefragt wurde und seine Situation erklären musste, sagte der diensthabende

Beamte jeweils mit einem Lächeln so etwas wie: „Oh, auf diese Weise ist es viel einfacher!"

Am 15. Februar 1952 erreichte er nach einer zweimonatigen Reise Pondicherry in Südindien, und am 26. desselben Monats konnte er die *Mutter* im Sri Aurobindo Ashram treffen, die ihm seinen spirituellen Namen *Medhananda* gab – und damit ein neues Programm, ein neues Leben, einen neuen Yoga; denjenigen von Sri Aurobindo, welcher alle anderen Yogas integriert.

Yvonne Artaud

[Nach seiner Ankunft in Pondicherry wurde Medhananda mit der Leitung der Bibliothek des neuen *Sri Aurobindo International Center of Education* betraut und wirkte als Lehrer und Mentor für viele Schülergruppen. In dieser anregenden Atmosphäre begann er 1965 die vierteljährlich erscheinende Zeitschrift *Equals One* (=1) herauszugeben, deren Beiträge er 14 Jahre lang fast alle selbst verfasste (unter verschiedenen Pseudonymen).

In jener Zeit entstand auch das *Eternity Game,* mit 64 Symbolbildkarten und Erläuterungen in einem Begleitbüchlein, ein Meditations- und Intuitions-Spiel, das uns helfen kann, die vielen Aspekte und psychologischen Kräfte unserer selbst wahrzunehmen und sie in den alltäglichen Situationen zu erinnern, zu evozieren und zu üben. Medhananada und Yvonne Artaud* spielten es mit der *Mutter* bei ihrem letzten Treffen mit ihr im Februar 1973, und sie äußerte sich begeistert darüber.

1978 gründete Medhananda, zusammen mit Yvonne Artaud, das *Identity Research Institute** in einem mit Mangobäumen und Kokosnusspalmen bewachsenen großen Garten in Reddiarpalayam (einem Vorort von Pondicherry). Die *Mutter* hatte diesen Garten zuvor einmal besucht und dort ausgerufen: „Schönheit! Schönheit! Schönheit!"

Von ihrem Bewusstsein und ihrer inneren Gegenwart inspiriert – und nach einem Wink von ihr (sie zeigte ihm ein Bild von Hatschepsut) – begann Medhananda die Psychologie des alten Ägypten und anderer alter Kulturen zu erforschen. Er konnte sich mit allem identifizieren und erkannte in den alten ägyptischen Bildern Darstellungen von Archetypen, von Seelenkräften, von universellen Prinzipien, von Bewusstseinsvorgängen in uns Menschen. Im Kapitel *Fortbestehen des alten Ägypten* (S. 162) erhalten wir einen Eindruck davon, wie tief er die altägyptische Kultur erlebte und den Sinngehalt ihrer Bilder und Symbole wahrnahm.

Medhananda verstarb im Mai 1994, nach Vollendung seiner fünf Bücher über die altägyptische Psychologie, bei deren Realisation auch seine langjährige Partnerin und Mitarbeiterin, Yvonne Artaud*, mitwirkte.

Das vorliegende Buch *An den Ufern der Unendlichkeit* enthält Erzählungen Medhanandas aus seinem Leben und weitere autobiographische Texte, die Yvonne Artaud 1995 aus seinen Tagebüchern und sonstigen Aufzeichnungen ausgewählt und zusammengestellt hat. Einige Texte stammen auch aus ihren Gesprächen mit Medhananda, die sie ab 1952 während der zweiundvierzig Jahre ihrer Zusammenarbeit aufgeschrieben, unter dem Titel *Au Fil de l'Éternité* (in französischer Sprache) zusammengefasst und später Medhananda vorgelesen hat, damit er sie gegebenenfalls korrigieren oder ergänzen konnte.

Es ist Yvonne Artauds Verdienst, dass dieses Buch, das uns wertvolle Einblicke in sein reiches inneres und äußeres Leben gibt, realisiert werden konnte.]

Die Übersetzer
Rosemarie und Christoph Graf

Medhananda
ist nicht ein Name, –
es ist ein Verb,
ein Adjektiv,
ein Adverb,
ein Leitmotiv und
ein inneres Programm:
Medha (Denken) und Ananda (Seligkeit) zu vereinen.

Gewöhnlich ist unser Denken rational-analytisch, dualistisch.
Es gibt aber ein Denken, das alles mit allem verbindet,
das nicht nur die einzelnen Knoten,
sondern den ganzen Teppich wahrnimmt.
Entzweiendes Entweder/Oder-Denken wirkt schmerzhaft,
ganzheitliches, integrales Teppich-Denken wirkt beseligend.

Medhananda

I

Kindheit und Erinnerungsbilder

Erinnerungsbilder – Aletheia, das Unvergessliche

Für Medhananda ist eine Erinnerung immer mit einem Bild ver-
bunden; daran zu denken, sich daran zu erinnern, ruft es in die
Gegenwart, setzt es sozusagen in Bewegung, bringt es zum Leben.
Sogar die meisten seiner Notizen, die er auf Merkzettel schreibt,
bestehen lediglich aus ein paar Worten, die für ihn mit einem Bild
verbunden sind – Worte, die das innere Bild aktivieren können.
Die Dichter der Antike pflegten zu sagen: ‚Singe mir Muse*... von
dieser oder jener Erinnerung. Das bedeutet: bringe die Erinnerung
zum Leben.

Gewisse Erfahrungen enthalten eine sehr spezielle Energie, die
wir nicht vergessen wollen. Gleichzeitig erleben und erfahren wir
andauernd Neues, von dem wir aber das meiste wieder vergessen
dürfen, wenn wir – wie Medhananda – voll von unvergesslichen
Wahrheiten sind. Je mehr wir die Fähigkeit der unvergesslichen
Erinnerung kultivieren, desto mehr müssen wir gewillt sein, anderes
zu vergessen.

Wenn ich ein Symbolbild sehe, das eine ewige Botschaft
enthält, wird es augenblicklich absorbiert und assimiliert, ja
metabolisiert. Es wird zu einem Teil meiner selbst. Einen
bloß phonetischen Namen jedoch vergesse ich, sogar wenn
ich mir Mühe gebe, ihn zu behalten. Um ein Beispiel zu

nennen: Obwohl mir das Wort Quanten durchaus vertraut ist, vergesse ich es immer wieder, weil es nicht wirklich das ausdrückt, wofür es steht. Andererseits vergesse ich gewisse Dinge nie, selbst wenn ich sie nur einen kurzen Augenblick zu Gesicht bekommen habe.

Die Anzahl Abenteuer, die man in der Vergangenheit gehabt hat, ist sozusagen unendlich. Deshalb muss es in uns eine Art Instanz geben, die uns erlaubt, die meisten davon wieder zu vergessen. Es muss aber auch eine Instanz geben, die uns ermöglicht, die uns ‚heiligen‘ (heil- und ganzmachenden) Erfahrungen zu bewahren.

Schon als Kind lernte ich, dass ein Mensch auf verschiedenen Ebenen des Selbstgewahrseins leben und funktionieren kann. Die geheimnisvollste Ebene ist jene der ganz frühen Kindheit.

Was bringt ein Kind von seinen vergangenen Leben mit? Die Griechen hatten einen Namen dafür: *Aletheia* – das Unvergessliche, die Wahrheit, die ganz eigene Wahrheit, die Wahrheit, die du *bist*, die du nicht vergisst, auch wenn du auf die ‚andere Seite‘ gehst und den Fluss *Lethe*, den Fluss des Vergessens überquerst. Bei diesem ‚Hinübergehen‘ musst du viele Dinge vergessen. Nur was mit deinem ‚wahren Wesen‘ verbunden ist, kann in der Erinnerung bleiben.

Die Wahrheit als Grundlage für unser Sein und Werden ist auch unsere fundamentale Schwingung, unsere Wellenlänge, unser Ruf in den Wald des Lebens – und die Resonanz, das Echo, das wir entsprechend in unserer Umgebung finden.

Begegnung mit dem Licht

Von seiner Kindheit behält man nur einige Momente, hier und da, Augenblicke inmitten eines großen Vergessens. Vergessen ist Teil des Erlangens von Bewusstsein* – man erinnert sich nur an die unvergesslichen Momente.

Es war, als ich noch auf allen Vieren auf dem Boden herumkroch. Etwas, an das ich mich aus jener Zeit klar erinnere, ist, dass mir die Distanz zwischen meinem Kinderzimmer und der Küche riesig vorkam, als ob ich ganz Afrika hätte durchqueren müssen. Zu der Zeit dieser Erfahrung mussten meine Entdeckungstouren voller Abenteuer gewesen sein; die Details aber habe ich vergessen. Was geblieben ist, ist meine Begegnung mit dem Licht.

Zu jener Zeit wurden die alten Kerosinlampen allmählich durch Gasbeleuchtung ersetzt; allerdings war diese nur in den wichtigeren Teilen unseres Hauses installiert. Der Korridor, der mein Zimmer mit der Küche verband, hatte noch keine Gasbeleuchtung – es war eine lange Strecke im Dunkeln. Eines Tages entdeckte ich in der dort herrschenden Dunkelheit ein Licht; eine Frau war am Putzen des Fußbodens im Lichte einer Kerosinlampe, die neben ihr stand. Sie war ganz in ihre Arbeit vertieft und merkte nicht, dass ich herankroch. Als ich bei der Lampe ankam, gelang es mir zu knien. Alle anderen Lichter in den Zimmern hingen an der Decke, weit außerhalb meiner Reichweite. Es war das allererste Mal, dass ich ein Licht so nahe sehen – und auch berühren konnte! Ich legte meine Hände um den Glaszylinder. Die Haut klebte daran fest. In diesem Augenblick bemerkte mich die Hausangestellte, und für die nächsten paar Minuten war das Haus voller Aufruhr und Geschrei. Meine Mutter, die Köchin, das Dienstmädchen machten sich um mich zu schaffen. Ich war überrascht, denn ich fühlte keinen Schmerz.

Es war streng verboten, alleine im Dunkel jenes Korridors auf Entdeckung zu gehen – es war mein erster Ausbruch. Dieser erste Kontakt mit Feuer und Licht ist in mir immer noch gegenwärtig. Es war meine Feuertaufe in den Paradoxien des Lebens.

Ausreißen

Ein Kind braucht gewöhnlich etwas, an dem es sich festhalten kann, aber nicht so bei mir, – ich wollte immer nur weg. Ich muss zwischen drei und vier Jahre alt gewesen sein, als ich eines Tages von meinem Vater Schelte erhielt, und er mich zur Strafe in eine Ecke stehen ließ. Mein Eindruck war: „In diesem Haus werde ich nicht geliebt", und ich beschloss, es zu verlassen. Es gelang mir, mich unbemerkt aus Haus und Garten zu entfernen – und weg war ich. Als mich meine Mutter nicht finden konnte, war sie ganz außer sich vor Angst. Nachdem sie Haus und Garten durchsucht hatte, ging sie zur Polizei. Der Beamte sagte ihr, dass ein so kleines Kind sich nicht weit entfernen könne und in jedem Fall zurückkehren würde. „Nein", antwortete ihm meine Mutter, „mein Sohn ist nicht wie andere Kinder. Er wird nicht zurückkommen." Der Beamte versicherte ihr: „Wir werden unser Bestes tun, um ihn zu finden, machen Sie sich keine Sorgen."

Die Abklärungen ergaben, dass ich schnurstracks zur Bäckerei gegangen war, wo man mich kannte (weil meine Mutter eine gute Kundin war). Ich durfte mich dort mit meinem Lieblingsgebäck vollstopfen. Die Bäckersfrau war natürlich der Meinung, dass ich nach Hause zurückkehren würde. Bestens gestärkt, machte ich mich auf den Weg zu weiteren Abenteuern.

Medhananda im Alter von sieben Jahren, mit seinem Vater

Der Tag verging, ohne dass man mich fand. Und ich selbst kann mich nicht erinnern, was ich die ganze Zeit tat.

Kurz vor Einbruch der Nacht nahmen mich zwei schöne junge Damen, sehr elegant, in weißen Kleidern und großen weißen Hüten – zwei Schutzengel – an der Hand und führten mich behutsam zum Haus zurück. Ich war sauber und wohlgenährt, ruhig und zufrieden, als ich dort ankam. Als wir vor der Tür standen, klingelte eine von ihnen, was ich selber nicht vermocht hätte, denn die Klingel war für mich zu hoch angesetzt. Meine Mutter stürzte zur Türe. Als ich mich nach den beiden weißen Damen umschaute, waren sie verschwunden.

Diese beiden weißen Damen zeigen deutlich, in welcher Art Welt ich den Tag zugebracht hatte. Es waren sicherlich keine Bekannten der Familie, sonst hätten sie sich an der Türe nicht in Luft aufgelöst. Sie verschwanden, weil sie in Wirklichkeit nur innerlich, für mich selbst, wirklich waren. Wenn man weiß, wer man wirklich ist und woher man kommt, läuft man im Allgemeinen weg. Zumindest galt dies für mich – bis ich in das Kraftfeld Sri Aurobindos* kam.

Meine Mutter wusste sehr wohl, dass ich nicht zurückzukehren beabsichtigte. Die beiden Hüterinnen, deren weiße Spitzenkleider mir sehr gefielen, hatten mich gewissermaßen mit Gewalt zurückgebracht: Sie trugen mir auf zu bleiben und zeigten mir, dass dies notwendig war.

Sein und Werden

Es gibt zwei Arten von Bewusstsein: das Bewusstsein des Werdens und das Bewusstsein des Seins. Es ist viel leichter zu *werden* als zu *sein*. Für mich ist das Bewusstsein des Werdens stets wie ein Theaterstück auf der Bühne, mit einem Schauspieler, der seine Rolle spielt.

Als ich vier Jahre alt war und wir an einem bestimmten Haus vorübergingen, sagte meine Mutter: „Schau, dort haben wir gewohnt, bevor du geboren wurdest." Nach meinem Gefühl war dies etwas völlig Unmögliches – wie eines jener Worte, das ein Zen-Meister seinem Schüler sagt, um ihn geradewegs in das Bewusstsein des Seins zu katapultieren, etwas, was das Mental nicht erfassen kann, weil es völlig außerhalb seiner Reichweite liegt. Ich wusste doch mit Gewissheit, dass ich immer bei meiner Mutter gewesen war; und der krasse Widerspruch zwischen diesem Wissen und dem, was sie eben gesagt hatte, bestätigte und stärkte in mir das Bewusstsein des Seins.

Es kam mir stets so vor, als ob sie scherzten – ich konnte das nicht ernst nehmen. Erst später verstand ich, dass sie nicht scherzten, dass sie in einer Art tiefem Schlaf waren. Und wollte man sie daraus wecken, brachte sie das ganz durcheinander. Es ist wie bei einem schlechten Traum, aus dem man nicht herauskommen will.

Fritz? – Nein!

Eines Tages rief mich meine Mutter bei meinem schrecklichen teutonischen Vornamen, den mir meine Familie gegeben hatte. Es war dies das erste Mal, dass ich wütend wurde. Ich sagte: „Nein! Das ist nicht mein Name!"

Fétia, Medhanandas Pferd auf der polynesischen Insel Moorea

Totems und Archetypen

Es gibt unter all den Tieren keines, das nicht außergewöhnlich wäre. Alle sind einzigartig. Alle sind das Eine, das auch die Vielheit ist. Schon die alten Ägypter haben dies klar erkannt.

Dass das Eine die Vielheit ist, ist ein Geheimnis, das zu erfassen und wahrzunehmen wir unsere Neuronen unaufhörlich lehren müssen.

Mein erstes Totemtier, das ich immer noch vor mir sehe, ist ein Holzpferd: Ich sitze auf diesem Pferd, das vier Räder hat, und lasse mich auf ihm ziehen. Das Haus, in dem wir in Pforzheim wohnten, lag ganz in der Nähe des Bahnhofs. Zwischen Bahnhof und Haus befand sich ein kleiner Park, und zu bestimmten Zeiten pflegten die Kindermädchen mit ihren Schützlingen dorthin zu gehen. Dort saßen sie dann, während die Kinder spielten. Jedes Kindermädchen hatte seinen gewohnten Platz auf einer Sitzbank. Damals war meine Begleiterin ein kleines, ungefähr zwölf Jahre altes Mädchen (für mich ein großes Mädchen), das im gleichen Haus wie wir wohnte, und dessen Mutter Damenschneiderin war. Seine Aufgabe war es, mich auf meinem Pferd durch den Park zu ziehen, vorbei an allen Bänken, auf allen nur möglichen Wegen und Umwegen. Für mich war dieses Pferd ebenso groß und Ehrfurcht gebietend wie dasjenige, das bei der Eroberung der Stadt Troja verwendet wurde. Es begleitete mich auf allen persönlichen Eroberungen, die ich in meinen Träumen machte. Die ersten Worte, die ich mit Begeisterung übte, waren die Kommandos, die man Pferden gibt.

Dies führt mich zu einem weiteren inneren ‚photographischen‘ Bild: Meine Mutter war der Überzeugung, dass Spinat sehr gut für die Gesundheit von kleinen Kindern ist – eine Meinung, die ihr Sohn nicht teilte. So versuchten sie mich abzulenken, setzten mich ans Fenster und erzählten mir

Geschichten, während sie mich mit Spinat fütterten. Eines Tages, als mein Mund wieder ganz voll war, sah ich auf der Straße ein Pferd vorbeigehen. Ganz begeistert gab ich Laute von mir, welche die Bauern verwenden, um ihre Pferde anzutreiben. Ich schrie: „Hü-hü"! Das Resultat war, dass der Spinat in meinem Mund sich über die ganze Fensterscheibe verteilte, wie bei jenen Künstlern, die malen, indem sie Farben durch ein Rohr blasen. Das Pferd begann zu traben. Ich war entzückt!

Das Wort *Totem* bedeutet *Kommunikation*. Ein Totemtier ist ein Wesen, mit dem man in wechselseitiger Kommunikation steht. Das Wort bezieht sich nicht nur auf ein einzelnes Tier, sondern auf seine ganze Spezies.

Später, in der Schule, wenn uns, den noch jungen Schülern, griechische und römische Geschichte gelehrt wurde und ein Pferd darin vorkam, war mir seine Rolle schon vertraut – ich hatte ja ein eigenes. Noch später lernte ich in kurzer Zeit bei einem Kavallerie-Offizier reiten, und wiederum später, in Polynesien, fing ich eine Stute aus einer Herde wilder Pferde. Nach der notwendigen Ausbildung lebte sie frei auf unserem dortigen Grundstück. Damals gab es auf der Insel noch keine Straßen, man benötigte ein Pferd, um herumzureisen. Wann immer ich sie in Gedanken rief, kam sie.

Meine zweite wichtige Begegnung als Kind war die mit dem *Prekekekex*. Im Kinderzimmer befand sich ein Waschbecken, wo die Kindermädchen uns unzählige Male pro Tag Hände und Gesicht wuschen. Dieses Waschbecken hatte etwas Spezielles an sich, es konnte sprechen! Wenn man nach dessen Gebrauch den Stöpsel entfernte und die letzten Wasserstrudel abflossen, sagte es *Prekekekex*. Dies war ein natürlicher Teil unserer täglichen Begegnung mit der magischen Welt der Märchen. Als wir umzogen, war im Kinderzimmer – zu unserem großen Bedauern – dieses *Prekekekex* des Waschbeckens nicht mehr zu hören. Die Erwachsenen konnten uns nicht mehr so leicht dazu bringen, die Hände zu waschen, und sie verstanden den Grund dafür nicht: Das Geheimnis des Brunnens, der Herr der Wasser des Lebens, der Frosch von lebendiger Gestalt, der uns Schutzengel und Gefährte gewesen war – ein ungreifbares aber wirkliches Totem –, war nicht mehr zu hören. Es war, als wären wir plötzlich verwaist.

Später, immer noch in Pforzheim, hatte ich eine Begegnung – in Fleisch und Blut – mit dem ältesten meiner Totemtiere, dem Eisbären. Wie schon erwähnt, wohnten wir nicht weit vom Bahnhof. Im Waggon eines Güterzugs fuhr ein Eisbär zu einem Zoo. An der Waggontüre stand in Großbuchstaben: „Öffnen verboten". Neugierig zu erfahren, was drinnen war, gelang es einem Eisenbahnarbeiter, die verbotene Tür aus ihrer Halterung zu lösen und einen Spalt weit zu öffnen. Als die Pfoten des Bärs in der Lücke erschienen, und dieser die Türe mit einer einzigen kraftvollen Bewegung weit aufstieß, rannte der Eisenbahnarbeiter davon, und der Eisbär setzte sich in Richtung Stadt in Bewegung.

Wie mich meine Mutter eben ermahnt hatte, war es für mich Zeit, in die Schule zu gehen. Ich ging die Treppe hinunter, überquerte den Vorhof und öffnete das Gartentor zur Straße. Und dort wartete der Eisbär auf mich. Wir schauten uns eine Weile unverwandt an, ohne große Überraschung, so wie alte Bekannte. Dann schloss ich vorsichtig das Tor wieder und ging ins Haus zurück. Als sie mich zurückkehren sah, fragte mich meine Mutter: „Was tust du hier, statt in die Schule zu gehen?" Ich antwortete: „Am Gartentor steht ein Eisbär, ich kann nicht hinausgehen." „Nun erzähl mir doch keine Geschichten, geh schleunigst zur Schule!" Ich sagte: „Wie du willst, Mama." Da sie sich ihrer Sache nicht ganz sicher war, ging sie zum Fenster, um mich beim Weggehen zu beobachten – und tatsächlich, da stand dieser riesige Eis-

bär aufrecht auf seinen Hinterpfoten unmittelbar vor dem
Gartentor. „Fritz, Fritz, komm schnell!", rief meine Mutter in
Panik. Die unmittelbare Folge dieses Besuchs war, dass ich an
jenem Tag nicht zur Schule gehen musste.

Der Eisbär wurde für mich zu einer Art Bote der Großen
Mutter, der mir zeigte, dass es noch ein anderes Programm
gab, ein inneres: ein Wissen, das nicht zum Schulprogramm
gehörte, ein Wissen, das durch einen besonderen Boten
übermittelt wird – so besonders, dass ich mich oft gefragt
habe, wie groß die Chancen für einen Sechsjährigen sind, auf
seinem Schulweg einem Eisbären zu begegnen. Das Wunder
dieser Begegnung war wie eine Vorahnung für die Wunder
des Wissens, die er repräsentierte. (Der Bär wurde später mit
Hilfe der Polizei und der Feuerwehr eingefangen und konnte
ohne weitere Schwierigkeiten an seinen Bestimmungsort, den
Zoo, gebracht werden.)

Jede dieser Begegnungen spricht die Sprache der Symbole,
die Sprache der Bilder, nicht diejenige der Wörter.

Immer noch in Pforzheim traf ich mein Mammut-Totem.
Die Beziehung zwischen uns und einem Totem ist konti-
nuierlich, sie setzt sich von Leben zu Leben fort und kann
sich in jedem günstigen Moment wieder offenbaren und uns
ein Zeichen geben. Offensichtlich konnte sich die Mutter
Mammut nicht in einem Kinderzimmer des zwanzigsten
Jahrhunderts manifestieren. Für mich blieb ihre Gegenwart
immer verbunden mit einer blumenübersäten Wiese.

Es geschah in einem Spital in Pforzheim, wo meine Mutter
sich in Pflege begeben musste. Da sie in ihrem Zimmer nicht
allein sein wollte, nahm sie mich, ihren ältesten Sohn, mit,
der dort auch über Nacht blieb. Ich war acht Jahre alt. Es war
mitten im Krieg. Tagsüber ging ich in dem Spital, das voller
verwundeter und verstümmelter Soldaten war, auf Wander-
schaft. Was mich sehr erstaunte, war die Tatsache, dass diese

Soldaten immer noch am Leben waren, obwohl sie einen Arm oder ein Bein verloren hatten. Offensichtlich erlebte der kleine Junge auf seinen Spitalgängen einen Schock nach dem anderen.

Eines Tages befand ich mich auf der Notfall-Abteilung, als man auf einer Liege eine Person hineintrug, die ganz rosig aussah, eine durch einen Blitzschlag getötete Bauersfrau, die immer noch lebendig wirkte. Inmitten all dieser dramatischen Szenen wuchs in mir die absolute, fast greifbare Überzeugung, dass der Tod nicht existiert.

Hinter dem Spitalgebäude erstreckte sich eine weite Grünfläche, auf der die Soldaten ihre Wunden der Sonne auszusetzen pflegten. Es war August, die Wiese voller Blumen und Insekten. Und eines Tages fiel ich dort in einen tiefen Schlaf und träumte. Die Wiese war für mich wie ein Tor in die Urgeschichte, eine durch ein Mammut verkörperte Urgeschichte. Die große Mutter Mammut war dort. Ich war ihr neugeborenes Kind. Sie hatte mich eben geboren und legte mich neben sich. Und alle Wesen waren ihre Kinder. Zum ersten Mal wurde mir das Wesentliche des Lebens klar. Sie erklärte mir das Problem des Seins und sagte: „Was existiert, das ist, war und wird immer sein. Leben *ist*, der Tod aber nicht. Er kann keine wirkliche Existenz haben." Das ist das Mammut-Wissen, ein Wissen, das dieselbe Solidität, denselben Umfang, dieselbe Gegenwart darstellt wie ein mütterliches Mammut.

In mir tauchte auch, einmal mehr, das Bild eines Feuers auf, an dem ich Wildäpfel am Fuße großer Gletscher briet – Äpfel, so hart wie Holz, die wie Kastanien geröstet werden mussten, bevor man sie essen konnte. Wieder sitze ich in dieser ausgedehnten Grasfläche, vor einem Holzfeuer, meine Äpfel bratend, als mir jemand auf die Schulter klopft. Ich drehe mich um und sehe Frieda, mein Mammut, mit ausgestrecktem Rüssel.

Dies ist unsere archetypische Beziehung: Jedes Mal, wenn
ich den Apfel des ewigen Lebens koste, der durch das Feuer
gehen muss, ist Frieda da, ihren Teil einfordernd. Den Apfel
des Lebens muss man immer mit anderen teilen.

Schlussendlich sind wir die Gesamtheit all unserer Archetypen. Ein europäisches Märchen spricht von den zwölf Feen,
die eingeladen werden müssen, wenn ein Kind geboren wird.
Es gibt noch viel mehr davon, aber diese zwölf stehen gewissermaßen für die grundlegendsten Archetypen des Seins.

Wenn sie durch Tiere symbolisiert sind, werden sie zu
dem, was wir mit Totemtier bezeichnen. Freudig ging ich in
die ,Schule' der Archetypen. Sie gaben mir ein ,nicht-aka-
demisches' Programm. Voller Hoffnung konnte ich sagen:
„Was für neue Dinge werde ich wohl heute lernen?" Was ich
lernte, war wie ein Lichtstrahl, der dauernd sein Licht auf die
Schiefertafel meines Selbstgewahrseins warf.

Die Begegnung mit einem Archetyp scheint zu einem
bestimmten Zeitpunkt stattzufinden; aber in einer tieferen
Wahrheit sind unsere Archetypen immer bei uns. So hieß
es dann bei meiner ersten Begegnung mit meiner Nilpferd-
mutter: „Hab keine Angst. Ich bin die, die jede Nacht zu dir
kommt, um dich in deinen Träumen zu beschützen."

Auch dies geschah in Pforzheim, in demselben Haus, vor
dem ich den Eisbären traf. In einem kleinen Raum war die
afrikanische Sammlung meines Vaters ausgestellt – durch diesen musste man gehen, um ins Kinderzimmer zu gelangen.
So waren wir in ständigem Kontakt mit den Objekten jener
Sammlung. Unter ihnen, in einem Glasgehäuse, war der Kopf
eines Nilpferds – sehr eindrucksvoll mit all seinen Zähnen.
So konnte ich den nächtlichen Besucher leicht als Nilpferd
erkennen. Die erste Reaktion war Angst. Ich hörte schwere,
stampfende Schritte die Treppe heraufkommen, Schritte, die
immer näherkamen und vor meiner Zimmertür Halt mach-

ten. Ich konnte den Besucher nicht sehen. Aber wir wurden enge Freunde, und in der Tat wachte das Nilpferd über meine Träume.

So manifestieren sich unsere Archetypen bei verschiedenen Gelegenheiten, einer nach dem andern und immer klarer, bis wir mit ihnen allen eine totale Einheit realisieren. Dies nannten die alten Ägypter ‚Das Bauen unserer Säule der Ewigkeit‘ – Faser für Faser, Archetyp für Archetyp.

Ich kann nie an alle Totems zugleich denken. Nicht vergessen sollte ich Hsi-men, mein Eichhörnchen. Es wollte immer in meinen Kleidern getragen werden – dies war sein Lieblingsplatz.

Die Zeit der Mammuts

Frage: Was tust du gerade?

Ich spreche mit meinem Mammut. Manchmal ruft es mich von der anderen Seite der Seligkeit. Ich gehörte zu einer Herde von Mammuts. Sie ‚adoptierten‘ mich als ihr Kind. Sie nahmen mich überall mit. Im Winter verkroch ich mich in der langen Mähne der großen Mutter. Sie lehrte mich alles: Wie man essbare und heilende Pflanzen erkennt, wie man träumt und wie man sich an den Traum erinnert, den man träumt.

Es war die Zeit, als die Mammuts die ‚Hüter‘ all des Wissens der Erde waren. Sie waren die ‚Weisen‘. Sie gaben dem Menschen seine erste organisierte Sprache, basierend auf den Tönen, die der Fötus im Mutterleib hört – eine Sprache, die ganz Schwingung, Resonanz ist, auch voller Humor, so etwas wie die Töne, die Bauchredner von sich geben, nur kräftiger. Dies war die erste Sprache, die allen Säugetieren auf der Erde gemeinsam war: Das *Mmmh* bedeutete: *Ach, wie gut*! Daraus wurde dann das noch voller klingende *Aah!* – das erste Mantra, vielleicht.

Die Mammuts sind nicht außerhalb von uns – sie sind in uns. Sie zu treffen ist nicht notwendigerweise eine Angelegenheit vergangener Leben. Psychologisch gesprochen ist es eine Angelegenheit der Intensivierung unseres Bewusstseins*, ein Integrieren der Zeit. Im Laufe der Evolution geschieht es immer wieder, dass eine Spezies vor ihrem Verschwinden ihr Bewusstsein, ihr Wissen, ihre psychologischen Errungenschaften in diejenige Spezies projiziert, die in jenem Moment die nächste Stufe oder das neue Zeitalter repräsentiert – so wie es der alte König mit der polynesischen Gnosis* tat, die sein Vermächtnis war [siehe S. 57-60]. Einige dieser Übertragungen mögen sich von Individuum zu Individuum durch Identifikation ereignen. Wenn es sich aber um eine ganze Spezies handelt, kommt es zu einer eigentlichen Explosion; eine *psychologische* Super Nova wird geboren. Und jedermann, der gewillt ist und dazu fähig, kann sie nutzen, um sich selbst und sein Gesamtbild der Welt neu zu gestalten.

Die Mammuts waren auf viel Nahrung und Raum angewiesen, und sie wussten sehr wohl, dass ihre Existenz nicht ewig andauern konnte. Auch wussten sie um das Vorgehen, wie sie sich in ihre Freunde projizieren konnten, in die Menschen nämlich. Sie hatten diese sozusagen ,adoptiert' und als ihre Nachfolger ausgewählt.

In der menschlichen Rasse gibt es immer noch Mammuts, genauso wie es immer noch Dinosaurier-Menschen und Vogel-Menschen gibt. Mammut-Menschen erkennt man an ihrer Fähigkeit, kreative Träume zu träumen. In der Tat war es genau das, was es den Mammuts leicht machte, von der einen Spezies in die andere hinüberzuwechseln.

Viele Musiker und große Dirigenten sind Mammutmenschen. Das absolute Gehör ist eine typische Mammutgabe.

Der Gesang der Mammuts war sehr entwickelt, ein äußerst verfeinertes Mittel der Kommunikation. Erst vor sehr kurzer Zeit haben wir die Geräusche und Töne der Elefantensprache wieder entdeckt, denn sie sind für uns Menschen praktisch unhörbar.

Viele unserer Musikinstrumente, wie die Orgel oder die Harfe, erzeugen nicht Primaten-Töne, sondern Mammut-Töne. Bei der indischen Tanpura kommt das besonders deutlich zum Ausdruck. Und sicherlich konnte nur ein Mammut die komplexen Töne eines Orchesters von sich geben.

Jedes Mal, wenn ich den Cellisten Pablo Casals die Suiten von J. S. Bach spielen höre, reite ich auf Frieda, meinem Mammut.

Australische Eingeborene wissen genau, von welchem Tier sie welche menschliche Fähigkeit ererbt haben. Mammut-Typen, wie es der alte tahitianische König war, sind ein Tor in andere Bewusstseinswelten, andere Weisen des Seins; jede eine spezielle Dimension des Selbstgewahrseins, die zu früheren Zeiten ausgearbeitet, erforscht, erprobt und genossen wurde. Und dieses Tor wird immer offen sein für unsere Fähigkeiten von Bewusstsein, Freude und Liebe.

Physische Auslöschung ist nicht gleichbedeutend mit *psychologischer* Auslöschung. Alle psychologischen Errungenschaften wurden sorgfältig gesammelt und weitergegeben, in Weisen, die noch auf unsere Entdeckung warten.

Die Prinzessin Kun-I

Es war im Jahr 1919, zur Zeit der Revolution in Deutschland
– ich war damals elfeinhalb Jahre alt. Einer meiner Onkel war
Armee-Zahlmeister in Potsdam. Damals wurde der Sold mit
einer kleinen Zeremonie überreicht: Einer zählte das Geld,
ein anderer gab es weiter, und mein Onkel überreichte es
dem Soldaten. Er war zwar Offizier, wurde aber von den
aristokratischen Offizieren gleichen Ranges geringgeschätzt.

Dieser Onkel liebte mich sehr. Er brachte mir eine wirkliche Verehrung entgegen, obwohl ich noch ein Kind war – ich
weiß nicht aus welchem Grund. Er zeigte großen Respekt für
alles, was ich sagte.

Im Jahr 1900 hatte er als Soldat im „Boxerkrieg" in China
gedient – mit jener internationalen Armee (Deutsche, Franzosen und Engländer), die unter dem Kommando eines
deutschen Generals stand. Alle kehrten mit wertvollen
Kunstgegenständen, Vasen und Krügen aus China zurück, er
jedoch mit einem Fisch. Der damalige chinesische Sommer-
palast war völlig verwüstet und ausgeraubt worden, und dort,
in einem Lotosteich, hatte er diesen Fisch gefunden – einen
sehr seltenen Fisch, so selten, dass man ihn registriert hatte als
den So-und-so Fisch, der So-und-so gehört, und der an dem
und dem Ort lebt. Es war ein wirklich kaiserlicher Fisch, mit
den kaiserlichen Farben: Schwarz, mit dem imperialen Gelb,
das sich so eindrucksvoll vom dunklen Hintergrund abhob.

Als ich meinen Onkel besuchte, verbrachte ich dort Stunden mit dem Betrachten der ‚Prinzessin'. Ich war absolut fasziniert. Mein Onkel hat nie geheiratet, zweifellos aus diesem
Grund: Es konnten nicht zwei Frauen im Haus sein!

Als 1919 die deutsche Revolution auf dem Höhepunkt war,
erhielt ich eines Tages eine Postkarte von ihm – keinen Brief,
eine simple Postkarte –, auf der geschrieben stand: „Komm

und hol Dir die Prinzessin, sie ist hier nicht sicher." Ich teilte meinen Eltern mit, dass ich nach Potsdam fahren würde. Die Stadt Potsdam, die nahe bei Berlin lag, stand im Epizentrum der Revolution. Meine Eltern machten ein großes Tamtam, aber da war nichts zu machen, ich reiste ab. Der Verkehr war behindert, die Züge standen oft stundenlang still, um dann ihre Fahrt wieder aufzunehmen. Endlich erreichte ich meinen Bestimmungsort, Potsdam. Es war eine wirkliche Revolution, überall auf den Straßen wurde gekämpft, man hörte Gewehrschüsse. Ich schlich durch Nebenstraßen und kam endlich beim Haus meines Onkels an. Er war tief bewegt, als ich ihm sagte: „Ich bin gekommen, um die Prinzessin abzuholen."

Wir setzten die Prinzessin für den Transport in ein kleines Gefäß mit Wasser und erklärten ihr, wohin sie gehen würde. Ich hielt sie unter meinem Mantel, um sie vor Blicken zu schützen und damit ihr nicht kalt wurde. Wieder schlich ich auf Nebenstraßen zurück zum Bahnhof. Ich wartete die ganze Nacht hindurch, bis der Zug sich in Bewegung setzte. Am frühen Morgen, kurz bevor der Zug abfuhr, sah ich meinen Onkel in Schlafrock und Pantoffeln heranrennen. Das war sehr gefährlich für ihn, denn wenn er erwischt worden wäre, hätte man ihn als Offizier erschossen. Er wollte wissen, ob die Prinzessin bei mir in Sicherheit war. Ja, die Prinzessin war in Sicherheit.

Endlich setzte sich der Zug in Bewegung. Ich reiste mehr als zwei Tage lang in einem unbeleuchteten Abteil. Das Gefäß musste ich so halten, dass das Wasser durch die Bewegung beim Fahren nicht überschwappte. Ich hielt es warm, indem ich es an meine Brust drückte. An Schlaf war so nicht zu denken. Soldaten fragten mich: „Was hältst du da? Einen Fisch? Essbar?" Als der Zug einen längeren Halt machte, suchte ich einen Ofen, um das Wasser zu wärmen – nicht mehr als nötig, denn es war Winter (und die Öfen sehr heiß). Endlich kam ich mit meiner Prinzessin zu Hause an.

Wir ließen für sie ein prächtiges Aquarium bauen, eines, wie es sie damals nicht zu kaufen gab. Ich installierte ein System zur Belüftung des Wassers. Dies war nicht allzu schwer, da es in der Fabrik meines Vaters Druckluft gab. Stundenlang schaute ich ihr fasziniert zu. Dies nahm viel Zeit in Anspruch, was meinen Eltern wiederum nicht gefiel, weil ich meine lateinischen und griechischen Deklinationen vernachlässigte. Auf dem Boden lagen stets Wasserpfützen; die Hausangestellten beklagten sich.

Hättet ihr doch gesehen, welche Posen die Prinzessin einnehmen konnte! Wenn meine Freunde kamen, um sie zu bewundern, paradierte sie wie eine Königin. Kein Wunder, wenn man eine so lange Reihe kaiserlicher Ahnen hat. Lange Zeit war sie distanziert, doch allmählich wurden wir vertrauter. Sie hatte Verdauungsprobleme und war sehr verstopft. Vielleicht bekam ihr das Futter, das ich ihr gab, nicht gut. Diese Art Trockennahrung wirkt verstopfend. Sie hätte mehr frische Nahrung gebraucht. Für bewegliche Fische spielt das keine Rolle, aber für trägere ist es ein Problem. Mit einer Injektionsspritze, deren spitzes Ende ich entfernt hatte, gelang es mir, ihr jeweils ein, zwei Tropfen Öl einzuträufeln. So kamen wir uns immer näher.

Ich verbrachte Stunden damit, sie zu betrachten. Die Welt des Wassers ist etwas ganz Eigenes. Fische kommunizieren normalerweise überhaupt nicht mit Menschen. Um jene Art der Beziehung aufzubauen, die man zum Beispiel mit Goldfischen haben kann – die ebenfalls aus China kommen –, müssen ganze Generationen von Fischen unter sehr speziellen Bedingungen mit Menschen in Kontakt sein.

Wasser, mit seiner grünen Farbe, vertritt eine ganz bestimmte Welt des Vitals. Diese Welt wird von verschiedenen vitalen

Wesen bewohnt, einschließlich der Nagas*, die uns überhaupt nicht feindlich gesinnt sind. Wenn ich nachts im Bett die Augen schloss, war ich in ihrer Welt, und ich konnte *Kun-I* sehen; sie war eine Nagini, ein Wassergeist. In ihrem Schutz besuchte ich die vitalen Welten. Es gibt dort riesige Höhlen und immense unterirdische Ströme voll von Leichen und allen Verbrechen der Menschheit. Alles ist dort. Wenn man aber tiefer hineintaucht, wird es wie ein Baum, und dort sind die Mütter des Lebens, die alle lebendigen Dinge weben und die in ihrem Gedächtnis die Erinnerungen all der Formen, die es gegeben hat, bewahren. Schließlich, ganz unten im Baum, ist die eigentliche Quelle der Unsterblichkeit.

Jede Nacht ging ich dort mit ihr auf Entdeckungsreise. Eines Nachts erwachte ich aus dem Schlaf und sah sie im Aquarium, hell leuchtend im Schimmer des Mondlichts, aufgerichtet und bebend. Es war der Moment, in dem mein Onkel starb. Fische können lange leben, sie altern nicht.

Mehr als ein Jahr lang sorgte ich für meine Prinzessin. Aber dann geschah etwas Schlimmes.

Als ich eines Tages in der Schule eine Frage nicht beantworten konnte, erklärte ich, dass ich meine Hausaufgaben nicht machen konnte, weil die Prinzessin krank war. Daraufhin schrieb der Lehrer meinen Eltern einen Brief, der besagte, dass ich aufgehört hätte zu lernen und nur noch eine Sache im Kopf hätte – diesen Fisch.

Und dann geschah das Schreckliche. Meine Eltern nahmen *Kun-I* aus ihrem Aquarium und gaben sie den Hühnern zum Futter. Ausgerechnet den Hühnern!

Aber sie war immer noch da; nachts im Traum konnte ich sie treffen, wir gingen zusammen auf Entdeckungsreise. Und lange Zeit noch fand ich mich, sobald ich die Augen schloss, in ihrer Welt. Sogar zehn, zwanzig Jahre später konnte es geschehen, dass ich mitten in der Nacht plötzlich aufwachte, mit dem Gedanken: „Oh, heute habe ich vergessen, sie zu füttern!"

Die Anmut der Tiere

Ein Tier ist immer anmutig, denn es ist eins mit sich selbst. Es hat nicht all die ambivalenten Aspekte, welche den Menschen uneins mit sich selbst machen, ihn innerlich hin und her zerren. Das Tier ist wie aus einem Stück, wenn es sich bewegt – mit ungeteiltem Willen.

Eines Tages sah ich, wie ein Gorilla auf einem Trapez hin und her schwang. Ich konnte meinen Blick nicht von ihm lösen. Am nächsten Tag ging ich wieder hin. Ich fragte meinen Turnlehrer, ob er das auch so gut könne wie der Affe – er warf mich hinaus.

Ein anderes Mal sah ich, wie ein Schimpanse mit seinem Wärter Ball spielte. Er fing den Ball, als ob dieser von selbst in seine Hände käme – völlig mühelos. Der Mensch muss sich das alles wieder zurückerobern und erneut wie aus einem Stück werden.

II

Jugend und Studentenleben

Der Heilige

Meine Mutter war Katholikin, mein Vater Protestant. Eines Tages kam ein großer, ganz in Schwarz gekleideter Herr zu uns. Er war zum Tee eingeladen, und als ich gerade ins Wohnzimmer gehen wollte, begegneten wir uns. In einem Ton großer Ernsthaftigkeit begann er eine Unterhaltung mit mir: „Na, mein Junge, was willst du denn einmal werden?" Ich hatte mir darüber nie Gedanken gemacht, aber die Antwort schien klar. Zu seiner großen Überraschung erwiderte ich: „Ich will ein Heiliger werden." Nach einem langen, verblüfften Schweigen, sagte er: „Mein armer Junge!", um dann nach weiterem Schweigen hinzuzufügen: „Da wirst du aber viel leiden müssen."

So also verstand er Heiligkeit, ohne etwas Positives, er sah nur das Leiden. Für mich hingegen bedeutete das Verlassen dieser Gesellschaft, um ein Heiliger zu werden, ein Leben in Seligkeit – genau das war meine Absicht. Unsere Unterhaltung endete an dieser Stelle.

Ein unvergesslicher Moment

Ich war zwölf Jahre alt und saß ganz allein im Wohnzimmer meines Mathematiklehrers. Und plötzlich wurde ich meiner selbst gewahr, völlig unabhängig von allem um mich herum, unabhängig von den Leuten, den Dingen, den Umständen, der Zeit, unabhängig von allem.

Zum ersten Mal fühlte ich mich als mich selbst – wirklich und souverän. Ich wusste nicht, dass dies eine spirituelle Erfahrung war, aber ich war sehr glücklich. Und ich habe sie nie vergessen.

Der junge Mönch hinter dem jungen Mann

Als ich sechzehn Jahre alt war, lud mich mein Vater ein, ihn auf einer seiner Geschäftsreisen zu begleiten. Es war das erste Mal, dass ich Deutschland verließ, nach dem Ersten Weltkrieg. Die Bedingungen in Deutschland waren damals noch sehr karg, auch die Hotels waren sehr bescheiden.

Wir reisten nach Barcelona und logierten im Hotel Regina Christina. Dort herrschte ein unbeschreiblicher Luxus. Mein Bett war mit blauen seidenen Laken bezogen. Im riesigen Speisesaal stand hinter jedem Stuhl ein Kellner, und auf dem Tisch funkelte es vor lauter geschliffenem Glas und Silbergeschirr.

Plötzlich hatte ich die klare, absolute Erkenntnis: „All dies ist nicht für dich. Das ist nicht in deinem inneren Programm." Nein, es war das Programm meines Vaters, er wollte diesen Luxus und diese Annehmlichkeiten für mich. Ich wusste, dass ich all dem entsagen würde. Das löste in mir eine große Freude aus. Der riesengroße, hell erleuchtete Speisesaal wurde unwirklich, wie ein auf eine Leinwand projizierter Film.

Mein Vater war Ingenieur. Er hatte bemerkt, dass auf der internationalen Bühne die Leute mit dem meisten Geld nicht die Ingenieure, sondern die Rechtsanwälte waren, die für die großen Unternehmen Verträge erstellten. Genau dies sollte ich seiner Vorstellung nach werden. Und so kam es, dass ich Jurisprudenz studierte und mir das Denken eines Rechtsanwalts aneignete, obwohl ich doch wusste, dass meine Bestimmung eine ganz andere war.

Praktikant

Nach dem Abitur absolvierte ich zunächst ein Praktikumsjahr in einer großen Fabrik, die Lokomotiven und Eisenbahnsignale herstellte, was eine sehr präzise maschinelle Technik voraussetzt. Die erste Arbeit, die mir aufgetragen wurde, war das Zuschneiden eines Würfels aus einem Eisenklumpen. So nahm ich denn Messwinkel, Feile und Lineal, und zwei, drei Stunden später zeigte ich dem Abteilungsleiter meinen Würfel. Als er mich so früh kommen sah, stieß er einen Laut der Überraschung aus und erklärte mir, dass dies eine Aufgabe sei, die einen erfahrenen Arbeiter üblicherweise mehrere Tage beschäftige. Er stellte meinen Würfel Seite um Seite auf eine völlig flache, polierte Oberfläche und zeigte mir, dass keine meiner Flächen wirklich flach war.

Vierzehn Tage später war mein Würfel vom andauernden Feilen so klein geworden, dass er nicht mehr in den Schraubstock eingespannt werden konnte. Diese Arbeit lehrte mich eine Menge über das Quadrat und den Würfel. Ein Würfel ist in sich vollkommen. Die kleinste Veränderung auf der einen Seite bedingt die gleiche Veränderung auf allen anderen Seiten.

Dies ließ mich später verstehen, warum in alten Kulturen die Manifestation der Welt symbolisch mit einem Würfel dargestellt wird: er ist ein Bild für das Materielle, wie eine Art Kristall, der das Ganze darstellt, das man immer in sich trägt.

Die zweite Aufgabe, die man mir auftrug, war die Herstellung eines dreidimensionalen Messwinkels. Obwohl es sich um etwas sehr Komplexes handelt, war die Arbeit selbst nicht so schwierig. Ich blieb allerdings nicht lange genug in jener Fabrik, um wirkliche Präzision zu lernen. Die Spezialisten, welche ,die Heißen' genannt wurden, bildeten eine eigentliche Aristokratie, eine Art Freimaurerschaft, die vom Vater an den Sohn weitergegeben wurde. Nicht jedermann konnte da eintreten. Jene Spezialisten erfuhren eine sehr intensive Ausbildung. Ich war dort der einzige Außenseiter – und außerdem der Sohn eines Direktors.

Ihre Abschlussprüfung bestand aus dem Herausschneiden eines Sterns aus einem Stück Eisen und der Anfertigung eines zweiten Sterns, der genau in die ausgeschnittene Form hineinpasste – ohne eine Maschine zu gebrauchen. Es musste möglich sein, den Stern Zacke für Zacke in das sternförmige Loch einzusetzen, und dies leicht und ohne Druck, in jeder Position und von beiden Seiten her, ohne dass er hindurchfiel. Das war dann ein wirkliches Meisterstück.

Ich arbeitete auch in der Gießerei. Durch ein Loch konnte man den Schmelzprozess beobachten. Das Metall nahm nach und nach ganz verschiedene Farben an, von dunkelrot bis weißglühend. Von da an wird es nur immer noch weißer – unser Auge kann die Unterschiede nicht mehr wahrnehmen, aber es ist ein ganzes Spektrum weiterer Farben, beginnend mit ultraviolett. Wenn es wie zu einer kleinen Sonne geworden war, goss man es in die Form. Die älteren, erfahrensten Arbeiter konnten ganz kurz die Hand in die Gussform stecken, ohne dass ihnen etwas passierte. Das war ihr angestammtes Recht. Wenn aber jemand unvorsichtigerweise auf eine glühende Stange trat, in der Meinung, sie sei abgekühlt, weil auf ihr eine erste Kühlkruste lag, blieb kein Schuh und Fuß mehr übrig – alles weg! Diese hohen Temperaturen sind gnadenlos – sie können einen Menschen sogar auf Distanz töten. Dabei sind das nur einige tausend Grad; bei der Sonne beginnt es erst richtig interessant zu werden.

Einmal erhielt ich die Gelegenheit, auf einer Teststrecke eine Lokomotive zu fahren. Bei vollem Tempo hat man das Gefühl einer gewaltigen Kraft – ein Auto ist im Vergleich dazu nichts.

Ich war auch Mitglied eines Arbeitsteams, das zum Beispiel mit dem Abbruch alter Brücken beauftragt wurde oder mit anderen Arbeiten ähnlicher Art. Stahlträger wurden da mit einem Brennschneider wie Butter durchtrennt. Für ein Projekt in der Türkei konnten sich Freiwillige melden. Ich war einer der ersten auf der Liste. Meinem Vater erzählte ich nichts davon. Ich weiß nicht, wie er es erfuhr, aber er sagte: „Nein, ich will, dass du an der Universität studierst." Also musste ich auf die Türkei verzichten, obwohl ich schon begonnen hatte, türkisch zu lernen. Ich war damals achtzehn Jahre alt.

Die Arbeit in dieser Fabrik während eines Jahres ließ mich vor allem ein Bewusstsein entdecken, das man als *mechanisch* bezeichnen könnte. Man kommt morgens in die Fabrik, verliert sich im Rhythmus einer manuellen Arbeit, die einige repetitive Handbewegungen erfordert – und plötzlich ist es vier Uhr nachmittags. Langsam wacht man auf – und wird wieder zu einem menschlichen Wesen. Man duscht sich, zieht sich um, und der Tag beginnt. Der Übergang von einem mechanischen Leben zu einem menschlichen Leben ist nur der erste Schritt, das erste Erwachen. Es gibt noch ganz andere Weisen des Erwachens.

Selbst der Philosoph, der Dichter, der Künstler – sie alle sind noch voller Gebundenheit, voller mechanischer Wiederholungen. Sri Aurobindo hat uns in seinem *Sapta Chatusthaya** gezeigt, wie wir uns befreien können. Wenn jede Bewegung unseres Lebens zu einem Ausdruck von Seele, von Seligkeit wird, hat die Vier-Uhr-Sirene uns geweckt und ermöglicht, die Welt der unbewussten Wiederholungen zu verlassen und jene Freiheit zu gewinnen, welche die Großen Mütter ihren menschlichen Kindern zu gewähren bereit sind.

Studentenleben

In Deutschland mussten Jurastudenten auch einen nicht-juristischen Kurs belegen. Ich hatte die Liste konsultiert und gesehen, dass derjenige Kurs, der thematisch am weitesten von der Jurisprudenz entfernt war, derjenige von Richard Wilhelm über das I-Ging war.

Wir waren nur drei Studenten. Als der alte Professor hereinkam, zitierte er die alte Universitätsregel, die besagte, dass drei Studenten für die Durchführung eines Kurses genügten und begann mit dem Unterricht. So lasen wir also das I Ging. Von Zeit zu Zeit fragte er: „Haben Sie verstanden?" Ich antwortete stets mit „Ja". Verärgert sagte er dann: „Nein, Sie haben nicht verstanden! Da ist nichts zu verstehen, der Verstand soll zum Schweigen gebracht werden."

Er erklärte uns, dass man die höchste Wahrheit nicht „verstehen" könne. Nur wenn das Verstehen aufhöre, habe man die Chance, etwas zu erfassen, etwas zu sehen. Eine solche Disziplin stand in unmittelbarem Gegensatz zum Jurastudium, wo jedes Wort eine ganz präzise, klar definierte Bedeutung hat.

Jener alte Mann, Richard Wilhelm, war chinesischer als die Chinesen selbst. Er hatte mehr als dreißig Jahre in China verbracht, in jener Stadt, die damals Deutschland gehörte, und wo eine Universität gegründet worden war. Dort hatte er bei den damaligen Gelehrten die Weisheit des alten China studiert. Mit seinem kleinen, dünnen Bart sah er selbst aus wie ein echter alter Mandarin. Er hatte sein ganzes Leben damit verbracht, alte chinesische Texte zu übersetzen. Seit dieser Begegnung hat mich das *I Ging, das Buch der Wandlungen*, überall hin begleitet.

Ein Fall von Hellsehen

Als Student in Frankfurt mietete ich eine Wohnung in einem neu gebauten Arbeiterquartier. Die Wohnung war nicht sehr groß, aber ganz neu, was mir gefiel. Ich war der einzige Student, der dort wohnte. In dieser Gegend lebte ein Mann – ich weiß nicht genau, was er beruflich tat –, er war so etwas wie ein kleiner Angestellter, sehr bescheiden. Er besaß das, was man das *zweite Gesicht** nennt.

Er wurde im Ersten Weltkrieg 1914 mitten in der Stirn von einer Kugel getroffen, die den Knochen zerschmetterte. Die Narbe befand sich genau an der Stelle, die man das ‚Dritte Auge' nennt, und war nach außen gewölbt. Damals wusste ich nichts vom ‚Dritten Auge', und er selbst hatte auch keine Ahnung davon. Nach seiner Genesung kehrte er an die Front zurück. Es stellte sich heraus, dass er nun Ereignisse, die gerade geschehen würden, voraussehen konnte. Als er zum Beispiel mit einigen Kameraden in einem Granattrichter in Deckung lag, sah er eine Art grauen Schatten herabkommen. Er rief den anderen zu: „Raus hier!" Sie sprangen alle aus dem Loch, und nur wenig später: „Peng! – explodierte eine zweite Granate in dem Trichter, den sie eben verlassen hatten. So gehorchten alle von seinem Bataillon seinen kleinsten Zeichen. Wenn sie sahen, dass er einen Platz verließ, folgten sie ihm alle eilends nach.

Er konnte viele persönliche Dinge von Menschen *sehen*, wie z. B. die Ursachen ihrer Krankheiten. Er war ein wenig wie ein Medizinmann in Tahiti, der gerufen wird und Dinge sagt wie: „Gib deinem Nachbarn das Schwein zurück, das du ihm gestohlen hast, und es wird dir besser gehen." Er heilte Leute mit den Worten: „Schließ Frieden mit deinem Feind, und du wirst geheilt werden", oder „Nimm wieder Verbindung mit deiner früheren Geliebten auf" – Geschehnisse, die mehrere Jahre zurückliegen mochten.

Zu jener Zeit musste ich ein sehr schwieriges Staatsexamen absolvieren. Vielleicht acht von fünfzig Studenten kamen jeweils durch. Ich studierte nicht sehr fleißig und war nicht gut vorbereitet. Jener Mann hatte mir gesagt: „Mach dir keine Sorgen, du wirst bestehen." Er hatte mein Horoskop erstellt und war sehr überrascht, als er sah, dass alle meine Planeten in der oberen Hälfte lagen, keiner befand sich in der unteren, der Nachtseite. Normalerweise ist das immer gemischt.   Er sagte mir alles voraus: Dass ich nach Tahiti gehen würde, dass wir dort eigenes Land besitzen würden, dass uns gewisse Transaktionen gelingen würden etc. Er selbst hatte immer in ärmlichen Verhältnissen gelebt.

Er konnte nicht auswählen, was er sah. Es war eine schreckliche Last für ihn. Wenn man solche Gaben besitzt, ohne über ein entsprechendes Bewusstsein zu verfügen, ist das sehr schwer zu ertragen – eher ein Fluch als ein Segen. Solche Menschen glauben so stark an jene Horoskop-Kräfte, jene Götter und Mächte, dass sie ihnen vollständig ausgeliefert sind. Es ist eine Art Sklavenzustand. Er getraute sich nicht, etwas zu tun, ohne vorher die Sterne zu konsultieren – was ihn jedes Mal zwei, drei Stunden Zeit kostete. Und da gibt es so viele Ausnahmen – die Astrologie ist keine exakte Wissenschaft. Heute verwendet man Statistiken – in Statistiken bleibt dem Individuum immerhin die Freiheit.

Um auf mein Examen zurückzukommen: Es bestand aus zwei Teilen; der erste war der schriftliche Teil, ein Rechtsfall, der zu erörtern war. Man hatte sechs Wochen Zeit dafür und konnte alle Bücher benutzen, die man wollte, sogar Bücher aus dem Ausland. Jedenfalls musste man diesen Rechtsfall beurteilen; er war üblicherweise heikel und stellte einen vor große Probleme. Bei den mündlichen Prüfungen waren wir zu fünft, aber im Wesentlichen befragten sie nur mich, denn zwei von den anderen waren schon durchgefallen, und diesen stellten sie nur pro forma einige Fragen; die anderen beiden hatten eine so gute schriftliche Prüfung abgelegt, dass sie bereits bestanden hatten.

Ich war sehr ruhig und befand mich in einem außergewöhnlichen Zustand von Euphorie, und dies dank jenem Mann. Ich glaubte zwar nicht blind an seine Vorhersage, aber dank ihm konnte ich sehen, was auf mich zukam. Nicht nur wusste ich, dass ich bestehen würde, sondern auch, dass ich diesen Beruf nicht für lange Zeit ausüben würde. Das gab mir ein Gefühl von großer Sicherheit und Befreiung. Es war mir möglich, im Voraus zu wissen, was für Fragen man mir stellen würde, und die Antworten zu kennen, schon bevor der Examinator mir die Fragen überhaupt stellte. Ich konnte wahrnehmen, ob ihm diese oder jene Aussage besser gefallen würde, und konnte so die Antwort in die von ihm gewünschte Richtung drehen. Das Resultat war brillant und vielversprechend – nicht im Sinne einer außergewöhnlichen Karriere als Rechtsanwalt, sondern bezüglich einer umfassenderen Bestimmung.

Der junge Richter

Ich erinnere mich an eine Frau, die einen Diebstahl begangen hatte – keine kleine Sache, sondern ein Fall von größerer Tragweite. Ich war mit der Vorbereitung des Falles beauftragt, und während einer Pause im Gerichtshof durfte die Frau ihre kleine Tochter sehen, nachdem sie mehrere Wochen getrennt gewesen waren.

Ich sah, wie dieses zerquälte, unangenehm anzuschauende Gesicht sich entspannte und ein Schimmer von Freude darüber huschte. Als die Mutter ihrem Kind in die Augen sah, kam für einige Sekunden ihre wahre Person in den Vordergrund.

In Momenten großer Freude wird unser wahres Wesen am deutlichsten sichtbar.

Unterwegs nach Tahiti

Jede Krankheit, selbst wenn sie bei jemand anderem ausbricht, kann als ein göttlicher Bote gesehen werden. Die Boten kommen, um uns zu lehren, dass das Leben in einem Körper begrenzt ist, und dass es vielleicht besser ist, sich in einem gegebenen Moment von den sogenannt ,seriösen‘ Alltags-Angelegenheiten zurückzuziehen, damit wir im Alter nicht zu einem mürrischen Griesgram werden. Ich begriff das schon sehr früh. Im Alter von fünfundzwanzig Jahren zog ich mich vom ,seriösen‘ Leben zurück und ging nach Tahiti.

Andernfalls hat man keine Zeit zum Spielen, zum Atmen … atmen, diese Liebkosung der Lungen durch die Luft, durch das Leben, das in uns hineinströmt! So sollten wir die Dinge sehen – nicht als ein gesondertes Leben, sondern als eine ganze ,Dynastie‘, eine ganze Reihe von vielen Leben.

Und nun stell dir vor, du liegst nachts auf dem Boden eines kleinen Schiffs in einem halb schlafenden, halb wachen Zustand, und nur hie und da öffnest du die Augen und schaust, wie der Mast sich vor den Sternen hin- und herbewegt. Unter dir das leise Surren des Motors. In der Ferne eine Insel mit einem verrückten Namen wie Here-here-tue oder Anu-anu.

Du bist unterwegs zu einer dieser Inseln. Das Schiff bewegt sich nicht schneller als vier Knoten. Der Ozean ist weit, so weit, und die Inseln sind ganz fern, aber auf dem Schiff ist niemand in Eile oder ungeduldig. So werden die Menschen eines Tages in einem kleinen Raumschiff hin zu einem Stern mit einem verrückten Namen reisen. Und auf dem Weg zu jenem zweihundert Lichtjahre entfernten Kugelsternhaufen öffnen wir von Zeit zu Zeit die Augen und fragen den Kapitän: „Wie viele Jahrtausende noch?" Mit welch unendlicher Geduld werden wir diese Räume umarmen! Das ist die richtige Art zu reisen. Und sie entspricht ganz dem, was der Mensch im Grunde ist: ein Wanderer, ein Nomade.

Aber noch viel wunderbarer als die Reise durch den Raum ist die Reise durch die Zeit: Das Erkunden all unserer Leben in der Zeit, und all unserer Zukunft, diese lange, endlose Reise. Auch wenn wir uns nicht mehr an alle Einzelheiten erinnern – wie soll man sich auch die Details von Tausenden von Leben merken –, bleibt doch etwas übrig, ein Gefühl der Sicherheit. Hätten wir nur tausend Leben hinter uns, würde man vielleicht noch etwas Angst empfinden; aber wenn wir Hunderttausende von Leben haben, gibt es keine Überraschungen mehr. Und wenn wir Millionen von Leben vor uns haben – gibt uns das nicht das Gefühl eines tiefen Urvertrauens?

III

Moorea und der Yoga des durchbohrten Berges

Am Fuße des Mouaputa

Das erste Mal, als wir mit dem Schiff in Moorea anlegten, landeten wir nicht an der offenen Seite, sondern am Fuße des steilsten Berghangs. Wir kletterten durch eine typisch maritime, recht trockene Vegetation hoch. Aber als wir oben auf dem Bergkamm ankamen und auf die andere Seite hinuntersahen, war alles anders; die Landschaft war anders, die Vegetation war anders, eine völlig andere Welt – üppig und feucht, vor dem Wind geschützt, und ohne Vögel.

Als ich dieses Paradies erblickte, wusste ich augenblicklich, dass ich dort etwas zu tun hatte. Der Humus war so weich, man konnte ihn mit bloßen Händen bearbeiten. Damals wussten wir noch nicht, dass dieses Stück Land verkauft werden sollte. Es gehörte einem Eingeborenenstamm, und die Versteigerung stand unmittelbar bevor. Bis zu dieser Zeit hatten die Besitzer vom Anbau und Verkauf von Vanille gelebt. Aber der Preis der Vanille war so tief gefallen, dass sich die Lokalwirtschaft plötzlich verändert hatte.

Die Auktion wurde in der Art und Weise durchgeführt, wie es damals in Frankreich üblich war – mit drei kleinen Kerzen, die nur zweieinhalb Minuten lang brennen. Wenn nun jemand ein Angebot macht, werden diese angezündet, und alle Interessenten können sich – so lange die Kerzen brennen – überlegen, ob sie eine höhere Geldsumme bieten wollen. Geschieht dies nicht und die Kerzen erlöschen, gilt der Verkauf als abgeschlossen.

In Polynesien können sich Auktionen aber über Jahre hinziehen. Die Leute hatten uns vor diesem Kauf gewarnt: „Was wollt ihr auch anfangen mit diesem riesigen Grundstück – 200 Hektaren?" Die drei Kerzen gingen plötzlich aus, und das Grundstück gehörte uns. Da wir unser ganzes Geld in den Kauf gesteckt hatten, lebten wir während längerer Zeit in einer einfachen polynesischen Hütte. Langsam wurden wir mit dem erworbenen Land vertraut. Die Einheimischen vermeiden es, in den Teil der Insel zu gehen, der innerhalb des erodierten Kraters liegt – sie haben Angst davor. Zumindest nachts schlafen sie immer in der Küstengegend, nahe am Meer.

Zu jener Zeit lebten lediglich zwei- bis dreihundert Einwohner auf der Insel, deren Umfang sechzig Kilometer beträgt. So konnte es sich ohne Weiteres ergeben, dass man monatelang keinem Menschen begegnete. Die Leute besuchten einander bei Festen. Wohin wir auch gingen, man lud uns zum Essen ein und bat uns zu bleiben – ihre Gastfreundschaft kannte keine Grenzen.

Unser Grundstück erstreckte sich vom Gipfel des Mouaputa, dem durchbohrten Berg, bis zum Meer hinunter. Nach einiger Zeit verkauften wir den Teil, der am Meer lag (ungefähr ein Viertel der ganzen Landfläche), weil er einen guten Marktwert besaß und wir so genügend Geld bekamen, um uns einrichten zu können. Der durchbohrte Berg wurde zum Symbol meiner Sadhana*, und blieb es auch.

[Als ich 1967 von einem Besuch bei meiner Familie auf Moorea nach Pondicherry in den Ashram zurückkehrte, sagte die Mutter, als

sie mich sah: „Es ist dort immer noch ein Paradies" (obwohl sich die
Bevölkerung inzwischen vermehrt hatte).]

Relikte aus der Steinzeit

Von den großen Statuen in Ozeanien, auf der Inselwelt
des Pazifiks, ging eine so starke Kraft aus, dass die christ-
lichen Priester sie zerstören ließen. In den Urwäldern, wo
man immer noch welche findet, herrscht völlige Stille um sie
herum; kein Vogel ist dort zu hören.

Sie alle haben riesige Augen und sind von enormer Präsenz.
Jede stellt einen Menschen dar, und gleichzeitig sein schüt-
zendes Kraftfeld. Das ist ein uraltes und bedeutendes Thema,
das auch im alten Ägypten seinen Ausdruck fand.

Die Statuen, die nicht der Zerstörung anheimfielen, beher-
bergen kleine Wesenheiten aus der Vitalsphäre und dienen als
Schutzmächte für Familien, für Felder und Täler, als Regen-
bringer oder Fruchtbarkeitssymbole. Wenn sie gestört werden,
lassen sie es einen wissen. Wenn sie ohne ihr Einverständnis
bewegt oder verlegt werden, können sie ernsthafte Probleme
verursachen.

Eines Tages musste einer unserer Arbeiter in der Nähe
einer Marae, eines alten, heiligen Platzes, den Boden von
Wildwuchs befreien. Ihm wurde gesagt, er solle die heiligen
Steine nicht stören und in ihrer Nähe kein Feuer machen. Bei
solchen Räumungsarbeiten ging man so vor, dass man nach
einer Weile die abgeschnittenen Kräuter und Pflanzen auf
einen Haufen warf, um sie zu verbrennen. Plötzlich sah der
mit dieser Aufgabe betraute Arbeiter, dass das Feuer einem
der Steine zu nahe kam. Schnell hob er ihn auf und legte ihn
weiter weg. Als er aufstand, verspürte er in seiner Wirbelsäule

einen so heftigen Schmerz, dass er mit der Arbeit aufhören musste und sich nur mit großer Mühe nach Hause bewegen konnte. In der Nacht empfing er im Traum den Hinweis, dass er den Stein an seinen Platz zurückstellen solle. Dies tat er am nächsten Morgen, sobald es ihm möglich war. Als er seine Pflicht getan hatte und aufstand, war sein Schmerz verschwunden.

Die Tahitianer haben verblüffende Methoden, Menschen zu heilen. Ich kann mich an einen Mann erinnern, der von einer Kokosnusspalme gefallen war und sich an der Wirbelsäule verletzt hatte. Man legte ihn in ein mit Wasser gefülltes Kanu, zusammen mit bestimmten Heilkräutern und adstringierender Rinde. Daraufhin wurde das Wasser erhitzt, aber nicht auf direkte Weise: Man erhitzte vulkanische Steine und legte sie ins Wasser. Die Temperatur stieg allmählich an. Ich hielt meine Finger ins Wasser, und zog sie schnell wieder zurück – das Wasser war sehr heiß. Der Mann, der in dieser Art Teebrühe lag, schien wie tot, doch nach drei Tagen konnte er wieder laufen. Das ist alles, was ich weiß.

[Ein kürzlich in einer europäischen Medizinzeitschrift erschienener Artikel befasst sich mit Wirbelsäulenverletzungen. Dort steht, dass bei sofortiger Behandlung der Verletzung eine Chance auf Heilung besteht. Nach ein paar Tagen jedoch ist es zu spät – eine Heilung ist dann nicht mehr möglich.]

Medhanandas Haus am Fuß des Mouaputa

Das Tal der Schatten

Zwischen Felsabhängen aus schwarzem Basalt – einem Basalt, der nur in Ozeanien vorkommt – fließt ein Bach in einem extrem feuchten Tal mit vielen uralten Bäumen, zum Teil prächtigen Brotbäumen und Baumfarnen. Wenn die Sonne um vier Uhr nachmittags hinter dem Berg verschwindet, ist es dort schon recht dunkel. Man hört keinen Ton von Insekten oder Vögeln, mit Ausnahme des Wiedehopfs, dessen Ruf so erschallt, dass man nicht ausmachen kann, aus welcher Richtung er kommt. Dieser Vogel wird auch im alten Ägypten erwähnt, als Bote für den Schüler auf dem spirituellen Weg: Er spricht für ihn zu der Kraft, die ihn führt.

Die Tahitianer wagen sich nur in Gruppen in dieses Tal, und dies nur bei Tageslicht. Sie bleiben nur so lange dort, bis sie ihre Früchte gepflückt und die benötigte Rinde gesammelt haben. Wenn jemand über Nacht allein in diesem Tal bleibt, gilt dies als seine Initiation zum Krieger, und er kehrt mit der Macht des Heilens zurück. Ein Heiler zu sein, ist gleichbedeutend mit der Macht, das Immunsystem des Leidenden zu aktivieren und zu stärken. Um Heiler zu sein, muss man ein Krieger sein. So wie ein Makaken-Affe oder ein Löwe völlig ruhig aussehen mag, aber im nächsten Moment ‚explodiert‘, so ist auch eine Art vitaler Explosion nötig, um das Immunsystem der zu heilenden Person wachzurütteln. Der Heiler projiziert seine vitale Kraft in den Kranken und füllt ihn mit purer Energie – was ähnlich wie ein elektrischer Schock auf dessen feinstofflichen Körper wirkt.

Wenn man in diesem Tal sitzt und sich ganz still verhält, hört man manchmal den Ton einer Vivo (Nasenflöte), oder es steigen einem unbekannte Düfte in die Nase, Parfums, von denen niemand weiß, wie man sie herstellt. Bleibt man ganz, ganz still, sieht man vielleicht, wie die alten Krieger und

Stammeshäuptlinge aus fernen Zeiten in ihren prächtigen Federkleidern vorbeiziehen. Ein vornehmes amerikanisches Ehepaar, das sich vor uns auf einem riesigen Landstück mit Sicht auf die Bucht von Opunohu auf Moorea niederließ, hat dies alles auch gesehen. Es ist etwas Normales, weil magische Erfahrungen dieser Art auf der Insel noch lebendig sind. Und im gleichen Sinne ist auch das ganze Universum bevölkert und auf mehreren Wirk- und Bewusstseinsebenen* mit Leben erfüllt.

Doch um dies zu sehen, muss man zuerst eine Art Auswahltest bestehen. Wenn diese ‚Schattengestalten‘ des Lichts wahrgenommen werden, kann dies ein solcher Schock sein, dass die meisten Leute davonrennen, womit die Vision für immer bereits im Keim erstickt wird, und damit auch ein allfälliges Wirken als Medizinmann und Heiler. Doch wenn man darauf besteht und bereit ist, Weiteres zu sehen und zu verstehen, was vor sich geht, wird die Vision erstaunlich weit und präzise.

Mouaputa, der durchbohrte Berg,
und beim Felsgipfel die Höhle von Te Ana Vava

Te Ana Vava

Te Ana Vava war das, was man einen Geist nennen könnte
– ein musikalischer Geist. Er lebte auf unserem Grundstück
auf Moorea, und zwar in einer Höhle, die hoch oben auf
einer Felsspitze allen Winden ausgesetzt war. Die Tahitianer
empfanden große Angst vor ihm, und keiner wagte es, in das
Gebiet zu gehen, wo er seine Wohnstatt hatte, ein Gebiet, das
sehr abgelegen war.

Trotz allem konnte man von dort manchmal, vor allem
in Vollmondnächten, den Klang einer Flöte vernehmen,
einer Nasenflöte mit ihrem feierlich-weichen Grundton – der
Vivo, deren Töne nicht so hell sind wie die einer Mundflöte.
Abgesehen von einigen alten Männern auf Tonga kann heute
niemand mehr eine solche Flöte spielen.

Das Instrument ist aus Bambus gemacht und ungefähr 30
cm lang. Die Verdickung an dem einen Ende ist mit einem
kleinen Loch versehen, in das man mit einem Nasenloch hin-
einbläst. Das Instrument hat fünf Löcher an der oberen Seite
und eines an der Unterseite für den Daumen. Eine Ritual-
Vivo war mit Motiven versehen (die mit einem heißen Eisen
eingraviert wurden) und mit geflochtenen Schnüren verziert.
Sie wurde nur bei ganz besonderen Anlässen gespielt, zum
Beispiel als Begleitung für einen bestimmten Tanz von polynesischen Frauen höheren Ranges, an dem sich die Königin
gewöhnlich beteiligte. Die Vivo galt auch als ein Mittel,
durch welches die Toten mit den Lebenden in Kontakt treten
konnten. Und ganz gewiss wurde sie von Te Ana Vava mit
großer Meisterschaft gespielt.

Er erzeugte mit ihr eine melancholische Musik, die sich
anhörte wie Wehklagen in einem Traum, erstaunlich in der
Länge und der Kraft des Atems, der die Töne hervorbrachte.
Zuerst fragte ich mich, ob die starken Passatwinde diese Töne

erzeugten, wenn sie durch die offene Höhle bliesen. Te Ana Vava bekam ich nie zu Gesicht. Niemand hatte ihn je gesehen. Es war mir aber, als ob ich ihn schon wahrgenommen hätte und wir uns gut kannten. Er war sehr stark, und seine weite Brust war das Zeichen des großen Tauchers, der er gewesen war. Um die Vivo so zu spielen, wie er es tat, braucht es Lungen von der Kraft einer Orgel.

Er konnte sehr laut spielen, und manchmal war er aus großer Entfernung hörbar. Er hatte keinen physischen Körper mehr, sondern war ganz Atem. Zu seinen Lebzeiten hatte er mit Hilfe von Atemübungen – wahrhaften Pranayama-Übungen polynesischer Taucher – einen eigentlichen Pranayama-Körper gebildet. Dieser hatte sich nicht aufgelöst und eine ziemlich präzise Erinnerung an den physischen Körper bewahrt. Er fühlte sich zu solide, um frei zu werden. Eben das war sein Problem, er konnte seinen Körper weder ganz verlassen, noch sich wieder voll inkarnieren. Mehrmals näherte er sich mir aus diesem Grund. Ich erkannte ihn an seinem Duft, der seiner Gegenwart stets vorausging. Er strömte den Duft von Farn aus. Und obwohl die Gegend voller Farn war, war sein spezieller Duft für mich immer deutlich wahrnehmbar. Wenn man bedenkt, was von einem Menschen übrigbleibt... Alles ist ganz Schwingung und drückt sich in Form von Duft und Musik aus, um mit uns zu kommunizieren. Eines Abends kam es zu einer näheren Begegnung mit ihm. Ich meditierte still an meinem Platz, und plötzlich verspürte ich seine Gegenwart in meiner Meditation. Er sagte (nicht in Worten): „Ach, wie gerne würde ich in dem Bewusstsein sein, in welchem du bist." Er stand hinter mir – er wollte nicht, dass man ihn sah. Da zeigte sich mir das Bild eines siamesischen Gongs. Wenn man ihn anschlägt, kommt daraus eine kleine ‚Göttin' – ein Klang – hervor. Mir kam der Gedanke, dass er auf diese Weise gehen könnte – indem er sich mit dem

Klang identifizierte. Ich erklärte ihm: „Wenn du zum Garten von Hina (Mond) gehen willst, musst du lernen, auf den Tönen deiner Flöte zu reiten, du musst ganz Schwingung werden, ganz Musik!" Er verstand augenblicklich. An jenem Abend war die Insel und ihre Lagune in silbernes Mondlicht getaucht. Da plötzlich hörte man den Klang der Vivo – ein mächtiges „Huu", gleich dem Ton, den im alten Ägypten der Pharao allmorgendlich erschallen ließ, wenn die Sonne am Horizont aufging – und Te Ana Vava war frei: Weg war er mit dem Klang des Huu, auf einem türkisfarbenen Lichtstrahl des Mondes reitend. Seit diesem Tag wurde der Klang der Vivo niemals mehr in dem Tal gehört, nicht nur, weil Te Ana Vava gegangen war, sondern auch, weil dort keine Königinnen mit ihren Gefährtinnen mehr zu sehen sind, feenhafte Gestalten mit ihren dreireihigen Blütenkränzen gesäumt von Farn, im anmutigen Tanz zum Klang der Vivo – denn mit Te Ana Vava ist ein ganzes Zeitalter gegangen.

[Te Ana Vava bedeutet: „Die Höhle des Schweigenden". Er war die Höhle, ihr Geheimnis, ihre Lehre. Die königlichen Toten, die dort begraben lagen, waren alle im Schweigen – was sie nicht davon abhielt, sich mitzuteilen, doch ganz ohne Worte.]

Der König

Geister – in Polynesien „toupa-paou" genannt – sind zusammenhängende, aber substanzlose Überbleibsel vitaler Elemente von Lebewesen. Sie leben in einer Welt der Träume und erscheinen Lebenden oft voll bekleidet. Wenn man keine Angst vor ihnen hat, machen sie möglicherweise Gebrauch von der Unterstützung, die ihnen unsere Gegenwart verleiht, um sich selbst aufzulösen. Fürchten wir uns jedoch vor ihnen, dann gibt ihnen unsere Angst die nötige Substanz, um noch etwas länger zu existieren.

Auf diese Art hatte ich einst eine Begegnung mit einem alten tahitianischen König in vollem Kostüm, während ich in unserem Garten in Moorea beschäftigt war. Der am späten Nachmittag übliche Nachmittagsregen war ausgeblieben, und ich musste den Kopfsalat wässern. Die Sonne ging eben unter, und die Gegend war in ein wunderbares Licht getaucht, als ich seine Form erscheinen sah, hell leuchtend vor dem dunklen Hintergrund des Urwalds. Mit seiner hohen Krone aus Federn von Licht war er eine majestätische, höchst eindrucksvolle Gestalt. Auf dem schmalen Weg, der zum Garten führte und keinen Platz für zwei Personen ließ, schritt er auf mich zu. Ich trat nicht zurück und wurde auch nicht von Schrecken überwältigt – ich blieb ganz ruhig. Er sah mein Lächeln. Ich fühlte mich wie in einem Traum, mit diesem fixierten Lächeln auf meinen Lippen und der Gießkanne in der Hand. Als er so auf mich zuschritt, stieß er einen unheimlichen Schrei aus. Später erfuhr ich, dass solche Schreie im Moment des Todes ausgestoßen wurden, um bei der Austreibung des vitalen Wesens zu helfen – dies ist die Rolle der Frauen, die bei Todeszeremonien mit ihren lauten, durchdringenden Schreien das Klageritual vollziehen.

Was mich verwunderte, war die Tatsache, dass er völlig in mir verschwand. Er hatte keinen Körper – es war, als ob er aus Nebel bestand – ein dicker, fast greifbarer Nebel. Er trat durch die Nase in mich ein, behutsam und bewusst, ohne irgendeine abrupte Bewegung. Was aber in mich eindrang, war viel umfangreicher als bloß sein Körper. Er hatte beschlossen, sich in mir zu befreien. Dies hätte er nicht vermocht mit einer Person seiner Rasse. Lange hatte er auf diese Gelegenheit gewartet. Denn diese Befreiung bedeutete auch

die Erfüllung seiner königlichen Mission: Die Weitergabe
seines Wissens, so dass dieses nicht verlorengehen konnte.
Was er mir gab, war nicht persönlicher oder individueller
Art. Es war nicht seine königliche Persönlichkeit, sondern
das gesamte tahitianische Königtum mit seinem inneren
Wissen, nicht das Wesen als solches, sondern die Funktion.
Diese Funktion hatte er sozusagen auf mich übertragen. Das
verstand ich allerdings nicht sofort. Der tahitianische König
trägt den Titel „Aimata", „der das Auge isst", das heißt, er ist
einer, der ein Sehen absorbiert, das Sehen seiner Ahnen. Die
heutigen Polynesier haben das meiste davon verloren, seit sie
Christen geworden sind.

Dieses Sehen und dieses Wissen nahm ich an jenem Abend
meiner Begegnung mit dem Geist-König in mich auf. Dadurch
öffneten sich in mir die Tore zur vorgeschichtlichen Zeit. Das
Steinzeitalter und sein Wissen wurden zu einem Bestandteil meines Bewusstseins. Tatsächlich hatte dieser Prozess
schon lange zuvor begonnen. Kurz nach unserer Ankunft in
Französisch-Polynesien nahm uns die Insel Moorea auf; sie
‚adoptierte' uns, indem sie uns zweihundert Hektar fruchtbaren Landes sozusagen schenkte. Dieses subtile ‚Aufgenom-
men-sein' setzt sich in meinen Kindern fort, die sich wie
Polynesier fühlen und typisch polynesische Charakterzüge
aufweisen. Sie sind Teil der Insel, die ein lebendes Wesen ist,
und sie befinden sich unter dem Schutz der Gemeinschaft
der Ahnen, die ihrem Schicksal vorstehen und sie als Königs-
kinder betrachten.

Die Geschichte meiner Beziehung mit dem alten König
war niemandem bekannt, aber meine Frau wurde regelmäßig gebeten, Geburts- oder Todeszeremonien zu leiten: Sie
war die Einzige, die die traditionellen heiligen Mantras in
tahitianischer Sprache rezitieren konnte. Und als der Bau des
Flughafens Faa'a in der Nähe von Papeete abgeschlossen war

– Tahiti damit mitten ins 20. Jahrhundert katapultierend –,
wurde ihr die Ehre zuteil, am Tag der Einweihung das Band
zu durchschneiden.

Was ich von dem alten König erhielt, war nicht auf eine
Insel oder eine Inselgruppe beschränkt, sondern erstreckte
sich auf den ganzen Ozean, oder vielmehr auf die vibrierende
Kraft dieses Ozeans. Das tahitische Königtum hatte seinen
Ursprung und Daseinsgrund im Ozean, es war ein ‚Kind'
des Ozeans. Die ganze polynesische Rasse war innig mit dem
Ozean verbunden (so wie die Schweizer mit ihren Bergen und
die Indianer mit ihren Prärien). Eine tahitianische Hymne
besagt: „Die hohe See ist der heilige Schoß dieser Welt."

Die tahitianische Königsfunktion wird lebendig bleiben,
auch wenn ich nicht mehr auf diesen Inseln lebe. Wenn die
Übergabe der Funktion als Ganzes so unvermittelt geschieht,
wie in diesem Fall, kann man nicht anders, als sich ihrer
gewahr zu werden. Ein vollständiger kultureller und spiritueller Bewusstseinsbereich mitsamt seinen entsprechenden
Archetypen wurde meinem unterbewussten Gedächtnis hinzugefügt; er wartet nur darauf, evoziert und wieder aktiviert
zu werden.

Nicht alle Übertragungen gehen auf diese Art und Weise
vor sich, von Einzelperson zu Einzelperson, mittels Identifikation. Was haben wir alle hier im Ashram doch erhalten
durch das Kraftfeld von Sri Aurobindo und der Mutter, und
erhalten es weiterhin – so etwas wie feinsten Staub lebendigen
Goldes, der sich behutsam in unserem Unterbewusstsein
ablagert. Wir werden gänzlich durchdrungen von ihm.

Die Übertragung des Wissens des alten Königs in ein aus-
gewähltes Gefäß reaktivierte das tahitianische Rassengedächt-
nis und bestätigte seine gnostische Kraft.

Der Palast des großen schwarzen Steins

Unser Grundstück in Moorea liegt innerhalb eines riesigen erodierten Kraters. Der zerbröckelnde Basalt bringt einen sehr fruchtbaren Erdboden hervor, vielleicht den fruchtbarsten der Welt. Die Hauptachse des Grundstücks wird durch ein Tal gebildet, von dem andere, ziemlich steil ansteigende Seitentäler abzweigen. Dort wanderte ich oft, weil wir Herden besaßen, die an verschiedenen Weideplätzen grasten. Ich glaubte, alle diese kleineren Täler zu kennen, aber gelegentlich entdeckte ich eines, das ich zuvor noch nicht erkundet hatte.

Beim oberen Rand des Kraters liegen die alten Stammeshäuptlinge in Vulkanlöchern begraben, jeder in seinem eigenen Kanu. Aus diesem Grund geht kein Einheimischer dorthin. Dort ist der Wald noch ein richtiger Urwald, absolut still – keine Meeresvögel besuchten diesen Ort.

Als ich eines Tages dort alleine unterwegs war, entdeckte ich eine kleine Kluft, die ich noch nicht kannte. Darin stand aufrecht ein riesiger Block schwarzen Basalts. Zwei Bächlein flossen an ihm vorbei, eines auf jeder Seite, und nachdem sie ihn halbkreisförmig umrundet hatten, ergossen sie sich in einer Kaskade von Wasserfällen den Hang hinab, um schließlich in ein Flüsschen einzumünden. In solchen Momenten wird man von einer so intensiven Freude ergriffen, dass die kleine Persönlichkeit sie nicht fassen kann. Alte Formationen werden aufgebrochen, und durch diese Öffnung erhält man Zugang zum Subtil-Physischen*.

Ich trat in den großen schwarzen Stein ein. Es war wie gefrorene Musik: Alles vibrierte sehr langsam. Er war voller winzig kleiner Lichter, wie ein Sternenhimmel, nur regelmäßiger, geometrischer angeordnet. Und es war eine Freude, das kleine Bächlein an seinem schwarzen Körper entlang fließen zu spüren, das er in sich aufnahm wie ein Musikstück von J. S. Bach, welches sich Oktave um Oktave in einen herabsenkt. Diese Steinblöcke haben eine Art Persönlichkeit. So viele Abenteuer und Geschichten hatte dieser schwarze Basaltstein schon erlebt, ehe er an diesem Ort gelandet war, und er stand dort schon Tausende von Jahren. All dies war in seinem rudimentären ‚Gedächtnis‘ irgendwie gespeichert. Ein Stein erinnert sich an seine erste Formwerdung in jenen archaischen, fernen Zeitaltern der Erde, insbesondere Basaltblöcke, die aus erstarrtem Vulkangestein bestehen und weiterhin Freunde des Feuers sind.

Für einen Menschen gehört das Bewusstsein eines Steins wohl zu dem, was wir das Unterbewusste nennen. Sri Aurobindo sagt, es handle sich beim Unterbewusstsein um ein umfassenderes Bewusstsein, eines, das dem Mental nicht zugänglich ist, eines, das nicht in Raum und Zeit organisiert ist. Die in einem Stein eingekerkerte Nacht muss an sich sehr dunkel sein; und Basalt ist so hart und schwarz. Aber dann plötzlich steht man vor einem Stein, der sich einem auftut wie ein von märchenhaftem Licht beleuchteter Palast.

Frage: Was warst du für ihn?

Zuallererst ein Besucher. Aber in solchen Augenblicken besteht keine Trennung. Was sind wir denn? Wir sind alles. Wenn du über deine kleine Persönlichkeit hinausgehst, bist du nichts Spezielles, Gesondertes, aber du *bist* wirklich. Es gibt nur *ein* Bewusstsein*, das Bewusstsein des Einsseins – doch haben wir einen Schleier darübergelegt, um des Spieles willen. Alles ist das geliebte Göttliche, und alles, was wir berühren, ist sein Körper. Aber dies können wir während der Begegnung nur einen Moment lang spüren, denn keine Form kann diese Freude sehr lange in sich halten.

Die Materie hat ihr eigenes Licht. Aber es ist eine Welt ohne Evolution. Der Stein, als Stein, kann die Seligkeit dieses Universums nicht wirklich miterleben. Aber es mangelt ihm an nichts, weil er jede Sekunde Millionen Mal in das ‚Alles‘, in das Einssein, zurückkehrt (wie uns das auch die Quantenphysiker sagen).

Der Baum

Eine wirkliche Erfahrung von Identifikation kann man nur mit einem jener hohen Bäume haben, die die Könige des Waldes sind, – eine gewöhnliche Pflanze ist zu klein, als dass sich ein Mensch darin wohlfühlen könnte.

Auf unserem Grundstück in Moorea saß ich eines Tages am Ufer eines kleinen Baches, meinen Rücken gegen einen Baum gelehnt. Ich wusste damals nicht, was für ein Baum es war. Ich war fasziniert von den großen Aalen im Wasser – heiligen Aalen. Auf einmal fühlte ich eine Gegenwart hinter mir. Zuerst nahm ich den rauen Stamm wahr, gegen den ich lehnte, daraufhin begann der Stamm unmerklich zu vibrieren, auf eine sehr spezielle Art, ähnlich dem Schnurren einer Katze: Es war eine leise Schwingung des Behagens. Dies entsprach einem sehr tiefen ‚Ton‘ in mir selbst. Allmählich wurde ich immer mehr von tiefer Zufriedenheit erfüllt, und ein Tor öffnete sich. Bald wurde der ganze Körper von Freude erfüllt, und ich nahm wahr, dass ich Baum geworden war: Ich war der Baum. Ich nahm meinen menschlichen Körper nicht mehr wahr. Für lange Zeit blieb ich so eins mit dem Baum. Ich war das rhythmische Pulsieren seines Saftes, der nach oben stieg, das funkelnde Spiel des Sonnenlichts auf seinem Laub, die lebendige, innige Gegenwart von allem, was in ihm lebte, und all die kleinen Pflanzen um ihn herum. Es war ein wirkliches Paradies für diesen Baum, seine Wurzeln in der Kühle des Bachs zu baden. Seine Krone war weit ausladend und höher als die anderen Baumwipfel.

Es ist sehr angenehm, beruhigend und bereichernd, solch ein Baum zu sein. Diese Art Bäume gibt es auch in Indien. Die Mutter nannte sie „Gesundheit".

Wo jede Begegnung ein Spiel ist

Es gibt Leute, die sich selbst so ernst nehmen und sich als so wichtig erachten, dass sie nicht mehr ,spielen' können, etwas anderes zu sein, sich mit etwas oder jemand anderem zu identifizieren. Sie berauben sich selbst des Entzückens, von Zeit zu Zeit im Goldenen Zeitalter zu leben. In der Einsamkeit der Natur ist man in Wirklichkeit nie allein. Man kann sich mit allem identifizieren, dem man begegnet. Es ist eine ganz leichte Bewusstseinsbewegung – aber noch keine vollständige, absolute Identifikation, weil Zweiheit und Spiel immer noch da sind. Alles will mit dir spielen, und du selbst kannst mit allem spielen; alles ist Licht, eine vibrierende Energie.

Eines Tages saß ich an einem Bach, der den Berghang hinunterfließt, sich in kleinen Kaskaden von Ebene zu Ebene hinunterstürzend; und unter jedem der kleinen Wasserfälle befindet sich ein kleiner Teich, in dem zu baden eine Freude ist. Ich wusste nicht, wie mir geschah, es passierte so schnell: Ich war mit vielen kleinen Brüdern und Schwestern zusammen, fließend, stürzend, wirbelnd, ganz wunderbare Tänze ausführend ... so spielte und spielte ich mit meinen Gefährten. Erst nachdem ich in meinen Körper zurückgekehrt war, verstand ich: Es war der Bach. Eine kleine Erfahrung wie diese ist wie ein ganzes Leben, das man gelebt hat.

Die Königin

Königin Maraou, die wir als alte Dame kannten, war voll inneren Adels; etwas pummelig, mit großen Augen, die andere Welten sehen konnten. In ihrer Familie besaß jedermann das *zweite Gesicht**. Ihr Großvater, der König und Priester, prophezeite die Ankunft des weißen Mannes in Polynesien, und zu Lebzeiten ihres Vaters fand dessen Ankunft tatsächlich statt. Ihre Mutter muss eine ausnehmend schöne Frau gewesen sein. Als sie nach der Geburt ihrer Tochter starb, wollte ihr Vater sich nicht von ihr trennen. Er baute ein kleines Haus, in welchem der verstorbene Körper seiner Frau aufbewahrt wurde.

Dies ist auch eine Art, die Vitalseele daran zu hindern, wegzugehen. Die Tahitianer verfügen über Methoden, Leichname für eine lange Zeit zu konservieren, zum Beispiel mit Honig und Öl. Aber die französischen Behörden intervenierten wegen Nichtbeachtens der Vorschriften, der Hygiene etc. Der verwitwete König aber sagte: „Ich bin der König, und ich tue, was mein Wille ist." Zu guter Letzt wurde der Fall an Frankreich zur Beurteilung weitergeleitet. Es dauerte mehr als zwölf Jahre, bis schließlich entschieden wurde, sie zu begraben.

Ihre Tochter, die nie offiziell regiert hatte, wurde als Königin angesehen: Kein Tahitianer und keine Tahitianerin sprach je mit ihr, ohne zuerst vor ihr niederzuknien und eine Schulter zu entblößen. Sie fragten sie in allem um Rat, sogar in den kleinsten alltäglichen Angelegenheiten, und was immer sie sagte, wurde getan. Wenn es um den Bau einer Kapelle auf einer Insel ging, konnte sie intuitiv sehr genau den richtigen Platz dafür bestimmen, auch wenn sie selbst nie dort gewesen war. Sie war Protestantin und las regelmäßig in der Bibel. Zu einer kirchlichen Einweihung wurde sie von den Pastoren stets eingeladen.

Als sie eines Tages für die Einweihung einer Kapelle nach Moorea kam, traf ich sie und fragte, wie sie denn wissen könne, dass es nicht der Teufel war, der ihr all diese Hinweise gab. Sie erwiderte: „Wenn man Gott gegenüber immer gehorsam ist, kann einem der Teufel nichts anhaben. Wenn man ein einziges Mal ungehorsam ist, kann einen der Teufel versuchen, aber man weiß, es ist der Teufel. Wenn man aber andauernd ungehorsam ist, kann einen der Teufel fehlleiten, und man merkt nicht, dass es der Teufel ist." Sie wusste mit absoluter Klarheit, was Reinheit ist – obwohl es im Tahitianischen kein Wort dafür gibt. Und es war nicht die Bibel, von der sie das wusste, denn die Theologen diskutieren diese Frage schon seit Jahrhunderten, ohne je eine genaue Definition dafür zu finden, was sie „die drei Stufen der Reinheit" nennen.

Bei einer Gelegenheit erklärte sie mir, wie man heilen könne. Sie sagte: „Heilen ist sehr einfach. Hat dein Mund nie eine Unwahrheit gesprochen, und du sagst jemandem: „Du wirst geheilt werden", wird er mit Sicherheit geheilt werden, denn was du sagst, ist die Wahrheit."

In den Evangelien heißt es, dass die Wahrheit heilt. Sie war die einzige wahre Christin, die ich je gekannt habe – sie besaß einen kindlichen Glauben. Und sie hatte vor nichts Angst, nicht einmal vor den toupa-paou, den Totengeistern, vor denen sich die Tahitianer so sehr fürchten. Ihr Wesen hatte einen spontanen, wohltuenden Einfluss auf die Geschicke Tahitis.

Die Tahitianer fühlten sich den Weißen gegenüber nicht minderwertig. Sie fanden rasch einen Platz in deren Kultur – mit dem Resultat, dass ihre eigene Kultur schnell degenerierte. Ihre Sprache ist heute weitgehend verarmt. Die ersten Missionare zählten noch zweihundert verschiedene polynesische Wörter nur schon für die unterschiedliche Mimik der Augenpartie. Sie hatten ein ausgedehntes psychologisches Wissen, das dem unsrigen weit überlegen war.

Die Höflichkeit verlangt, dass man errät, was eine andere Person gerne hätte, und man ihren Wunsch erfüllt, was immer dieser auch sein mag. Wenn du zum Beispiel einen interessierten, wenn auch nur flüchtigen Blick auf einen Gegenstand wirfst, wird er dir sogleich geschenkt. Wenn jemand kommt, um von dir einen Gefallen zu erbitten, wird er dir nie sagen, worum es geht, denn es liegt an dir, herauszufinden, was er braucht. Auch überlässt es der Gastgeber seinem Gast, zu merken, wann es Zeit ist, zu gehen.

Kurz nach meiner Ankunft in Tahiti war ich überrascht zu sehen, wie eine Frau mit ihrem Säugling an der Brust reagierte, als dessen älterer, etwa neunjähriger Bruder gelaufen kam und auch etwas Milch von ihrer Brust trank, und dann wieder wegging. Die Mutter sagte kein Wort, es gab nichts zu sagen, es war alles vollkommen normal. Es ging überhaupt nicht darum, dass er auch genährt werden wollte, nein, er wollte einfach sehen, ob sie ihn gewähren ließ, ob er voll angenommen war. Was Kinder brauchen, ist eine totale Akzeptanz. Wenn man ein Kind ausschließt, macht man es zu einem Rebellen, und im schlimmsten Fall zu einem Kriminellen.

Ich habe dir einst von einem Kind in Tahiti erzählt, das an einem Leistenbruch starb, weil es eine Operation verweigerte, und die Eltern es nicht zwangen, sich operieren zu lassen. Das mag ein Extremfall sein, aber es wirft ein Licht auf ihre Haltung den eigenen Kindern gegenüber. Im Westen leben die Eltern in ständiger Furcht, dass ihr Kind dumm wird oder nichts lernt, wenn sie es nicht zum Lernen zwingen. Aber das funktioniert nicht. Diesen Kindern wird andauernd gesagt, was sie zu tun oder nicht zu tun haben – natürlich werden sie rebellieren, um geistig gesund zu bleiben.

In Tahiti wird den Kindern nicht gesagt, was sie tun oder nicht tun sollen. Sie sehen die Erwachsenen baden, also baden sie auch, und schließlich tun sie all das, was für ihre Entwicklung förderlich ist. Das Bedürfnis zu helfen, sich einzubringen, mitzumachen, ist bei Kindern besonders stark ausgeprägt, stärker noch als ihr Selbsterhaltungstrieb, denn erst ihr Mitmachen bei dem, was die Erwachsenen tun, gibt ihnen das Gefühl, wirklich zu existieren. Wir sollten bei der Erziehung Gebrauch machen von diesem Bedürfnis und ihnen das Gefühl geben, völlig angenommen zu sein. Die übliche westliche Erziehung aber lässt sie möglicherweise ganz von ihrem Weg abkommen.

[Der volle Name der Königin war Joanna Maraou-ta'aroa Te pau Salmon. Sie war die zweite Gemahlin von Pomaré V., dem letzten König von Tahiti, der sein Territorium Frankreich abtreten musste. Der toupa-paou, oder der Geist eines Verstorbenen wird symbolisiert durch einen Riesenkrebs (toupa), der innen hohl ist (paou). Diese Riesenkrebse, die unter anderem Kokosnüsse verzehrten, sind nun in Tahiti ausgestorben.]

Der weiße Kakadu

In Moorea hatten wir einen weißen Kakadu, der von *Espiritu Santo* kam, einer der acht Vanuatu-Inseln, die früher unter dem Namen *Neue Hebriden* bekannt waren. Er hörte auf den Namen Kouki. Wenn er seine Flügel anhob, war es wie eine Explosion von Rosa unter ihnen. Seine Federhaube drückte all seine Emotionen aus. Wenn er sie weit sträubte und seinen

Kopf senkte, erschien ein roter Fleck, genau dort, wo er sich gerne kraulen ließ.

Eines Tages war ich allein zu Hause. Es war Sonntag und es regnete, wie es dort zur Regenzeit üblich ist, das heißt, es regnet tagelang. Die Tropfen bilden ganze Fäden, wie in einer Dusche. Das Leben kommt zum Stillstand. Die Tahitianer bleiben zu Hause und schlafen. Ich saß auf der Veranda mit einem Buch in der Hand.

Ich sollte erwähnen, dass die Veranda sich rund um das Haus erstreckte. Etwas entfernt von mir, auf der anderen Seite, um die Ecke, war der Kakadu in seinem Käfig eingeschlossen. Es regnete, ohne dass Aussicht auf ein Ende des Regens bestand, und das Buch, das ich las, war nicht besonders interessant … kurz, es war ein recht trüber Sonntag. Auf einmal begann der Kakadu zu singen. Sie singen sehr selten, normalerweise gleicht ihr Ruf eher einem Kreischen. Er rief, wenn er wollte, dass ihn jemand aus seinem Käfig befreite, und mit den Kindern zusammen war das immer ein lustiges Spiel. Aber an diesem Tag war niemand da, der mit ihm spielen wollte. Er war ganz allein, und zudem in seinem Käfig eingeschlossen. Es regnete in Strömen, nicht einmal die Hennen pickten in seiner Nähe, und kein Vogel wollte ihn besuchen. Vielleicht war er an jenem Morgen nicht einmal gefüttert worden. Und trotzdem sang er, ja, er jubilierte!

Ruhig stand ich auf, um zu sehen, was los war. Er sang, und gleichzeitig tanzte er auf seiner Stange. Er war außer sich vor Freude. Ich sagte mir: „Er muss etwas haben, das ich nicht habe", und ich versuchte herauszufinden, was es war. So geschah es, dass ein weißer Kakadu von Espiritu Santo zu meinem ‚Guru' wurde.

Schönheit

Wenn man etwas Schönes an einem bestimmten Ort sieht, ist es erträglich. Trifft man aber auf Schönheit, wohin immer man seinen Blick wendet, so wie es mir in einigen Landschaften von Moorea erging, ist es die äußerste Grenze des Erträglichen. Es schmerzt richtiggehend.

Eines Tages, auf dem kleinen Schiff, das ich alle zwei Monate zu nehmen pflegte, um auf Tahiti meine Einkäufe zu tätigen, war es dermaßen schön, dass ich meinen Körper verlassen wollte. Der Kapitän war zwar ein alter Alkoholiker, das altersmorsche Boot fiel fast auseinander, und der Dieselmotor mochte während der dreistündigen Überfahrt jeden Moment aussetzen und uns hilflos zurücklassen, aber das Sonnenlicht durchflutete alles, jede Welle trug eine weiße Schaumkrone ganz oben auf dem Kamm zwischen violetten Tälern, die die mütterlichen Tiefen des Ozeans offenbarten.

Dieser Kontrast zwischen den schneeweißen Höhen und den ebenholzschwarzen Tiefen (wie bei Schneewittchen im gleichnamigen Märchen) war erschütternd. Auch Jahre danach sind diese Bilder immer noch in mir – immer noch dieselbe Landschaft, dieselben Berge, dieselben Wellen, derselbe Kapitän.

Der Yoga des Ozeans

Warum lauschen wir so gerne dem Ozean? Ist er nicht wie ein großes, atmendes Wesen? Der Ozean atmet wirklich – er nimmt Luft auf und gibt sie wieder ab. Sein Geräusch hier in Indien ist anders als das an der Mittelmeerküste oder in Biarritz, oder auf den Tuamotu-Inseln. Der Pazifische Ozean ist unendlich. Auf einem Globus kann man sehen, dass er die Hälfte der Erdkugel einnimmt.

Wenn du in ständiger Verbindung mit ihm lebst – ich würde lieber sagen, mit *ihr* (den mütterlichen Wassern) lebst, entwickelt sich eine innere Bewegung hin zu ihr, die derjenigen des Yogas entspricht. Sie lehrte mich zu atmen. Sie lehrte mich, was totale Hingabe ist. Sie ist unsere Mutter, und ist es immer schon gewesen. Sie gibt sich uns selbst in unserem Blut. Ohne sie wäre kein Leben entstanden, das Leben wäre nicht möglich gewesen: Sie hat es beschützt und hat ihm ermöglicht, sich zu entwickeln. Sie ist in allem, sie harmonisiert alles, bringt alles ins Gleichgewicht. Sie enthält alle Rhythmen – den Rhythmus des Atmens, des Mondes, die Rhythmen von Tag und Nacht, der Jahreszeiten, der Jahre. Alle Meeresbewohner sind ihre Kinder, von den Schwärmen winzig kleiner Fische bis hin zu den merkwürdigsten Monstern der Tiefe. Alle Inseln gehören ihr, jede Einzelne von ihnen erinnert sich allezeit an sie und vibriert in ihrem Schlaf als Antwort auf die Berührung ihrer ‚Mutter‘ rund um ihren Körper – sie kommt von ihr und wird eines Tages wieder zurückgehen zu ihr. Ihre Berührung bewirkt, dass man lernt, sich vollständig zu schenken, sich hinzugeben ohne Rückhalt. Solange man sich fürchtet, ist sie schrecklich; doch sobald man sich ihr hingibt, wird sie sanft und weich, wie eine wahre Mutter. Keine Mutter liebkost ihr Kind, wie sie es tut, hätschelt und nährt es wie sie. Keine versteht es, so wunderbare Spiele zu spielen, wie sie es tut. Sie enthüllt einen Schatz nach dem anderen. Man wird weit wie sie, ewig wie sie. Überall ist sie die Herrscherin; dort, wo das Wasser kristallklar und leuchtend ist, wie auch in den Tiefen, wo jedes Wesen seine eigene Aura hat, um seinen Weg zu erhellen.

Solange du ihr mit Widerstand begegnest, kämpfst und dich anstrengst, kannst du sie nicht kennen. Wenn du dich aber vollständig von ihr tragen lässt, wiegt dich jede Welle mit unendlicher Zärtlichkeit. Bist du inmitten des Ozeans verloren und kämpfst, ist es aus mit dir. Willst du in eine bestimmte Richtung schwimmen, ist es ebenfalls aus. Stellst du die geringste Forderung oder verspürst den kleinsten Anflug von Rebellion, bist du verloren. Willst du ruhen, während sie mit dir spielen will, bist du ebenfalls verloren.

Das Gleiche gilt auch im Yoga: Du darfst dich nicht auf eine bestimmte Richtung festlegen, oder kämpfen, oder dich zu sehr bemühen, nein, du musst dich tragen lassen, dich entspannen und jeglichen Widerstand aufgeben, jeglichen Anspruch loslassen. Ist da noch der kleinste gesonderte Wille, das kleinste Hadern, ist es um dich geschehen. Gibst du dich aber hin, wirst du genau an den Ort getragen, der für dich bestimmt ist und an den du gehen willst. Diese bedingungslose Hingabe darf nicht mit Trägheit verwechselt werden, nein, eine willentliche, freudige, bewusste Hingabe deiner selbst ist gefordert. Und nichts mehr in dir sollte Widerstand leisten, keine einzige Zelle des Körpers, keine einzige unterbewusste oder unbewusste Regung.

Warum sich an die Dinge klammern? In der Ewigkeit des Werdens gibt es nichts festzuhalten. Willst du etwas behalten – deine kleine, gesonderte Individualität –, so geht das nicht: Du musst bereit sein, alles loszulassen. Eines Tages wird die große Welle sowieso alles wegspülen.

Man sehe nur, wie die Tahitianer schwimmen – in vollkommener Entspannung. Sie strengen sich nicht an, sie kämpfen nicht – sie gleiten durch das Wasser. Wenn sie einem Europäer beim Schwimmen zusehen, schütteln sie sich vor Lachen bei dem Anblick, wie er wild um sich schlägt, zappelt wie ein Frosch, und gegen seine ‚Mutter' kämpft.

Auf den Inseln findet man keine alten Schiffe. Das Meer nimmt sie alle zu sich. Immer gibt es welche, die nicht zurückkommen. Und unter den Passagieren kehren die Chinesen und Europäer selten zurück, wohingegen die Eingeborenen gewöhnlich eine Strömung finden, die sie nach ein paar Stunden, einem Tag oder drei Tagen zu einer Insel trägt. Du darfst nicht die geringste Befürchtung hegen, musst schwimmen lernen wie die Eingeborenen. Andernfalls erhebt sich plötzlich eine Wasserfront vor dir, etwas packt dich im Nacken und taucht dich bis zum Grund; dann zieht es dich für einen Augenblick wieder hoch, gerade lange genug, dass du Luft schnappen kannst, – um dich dann wieder tief hinabzudrücken …, und dies solange, bis du verstanden hast.

Wenn du keine Angst mehr hast, wenn du dich völlig hingibst, dann wird das, was zuvor furchterregend, ja feindlich schien, zu etwas Sanftem, das mit dir spielt. Die Weite schreckt dich nicht mehr. Eine wirkliche, persönliche Beziehung baut sich auf.

Ich erinnere mich, wie unsere kleine Christa, damals sechs Jahre alt, von Frankreich bei uns ankam. Ich holte sie von dem großen Passagierschiff in Tahiti ab. Wir bestiegen einen kleinen Kutter, um nach Moorea, unserer Insel, überzusetzen. An diesem Tag war die See stürmisch, und die Wellen waren höher als das kleine Schiff. Tatsächlich war es so überladen, dass das Wasser bis ans Deck reichte und es auf seiner Überfahrt eher unter als über dem Wasser lag. Pausenlos brachen sich die Wellen über ihm. Aber es war aus Holz gebaut und ging mit den Wellen, und die Kabine war wasserdicht. War man auf Deck, musste man sich gut festhalten. Es gibt nichts Schöneres als den Anblick der Wellen auf stürmischer See – diese Kraft und diese Farben – vom tiefen Schwarz bis zum Weiß der Gischt, mit allen Nuancen von Grün und Blau dazwischen.

Ich hielt Christa unter meinem Regenmantel fest an mich gedrückt. Ich konnte fühlen, dass sie Angst hatte. Es war ihr ums Weinen zumute. Sie war ganz angespannt. Zu guter Letzt aber, vielleicht aus Müdigkeit, entspannte sie sich plötzlich und gab sich hin. Statt sie zu erschrecken, brachten die Wellen sie jetzt zum Lachen, – was hatten wir für einen Spaß, wir zwei!

Die Europäer, die einen regelmäßigen Passagierdienst zwischen den Inseln mit einem fixen Fahrplan wünschten, ließen ein metallenes Schiff mit einem erfahrenen Kapitän auslaufen. Es kehrte von seiner Jungfernfahrt nicht zurück. Man kann es immer noch sehen: Die See packte es und warf es auf ein Riff, wo es heute noch liegt. Ein anderes Mal kam ein Vermessungsschiff, mit dem Auftrag, von den Inseln genauere Karten zu erstellen. Auch dieses sank in einer Lagune, wo es immer noch zu sehen ist. Auf jener Insel stehen im Hause des Häuptlings einige vornehme Flechtstühle und Mahagoni-Möbel aus jenem Schiff.

Du kannst dir kaum vorstellen, wie ungeheuer groß der Pazifik ist, und wie klein die Inseln. Du kannst mitten durch ein Archipel hindurchfahren, ohne je eine der Inseln zu sehen. Die Matrosen auf dem ersten europäischen Segelschiff, das den Pazifik durchquerte, bekamen keine einzige Insel zu Gesicht. Andere fuhren von Insel zu Insel, getragen von der herrschenden Strömung. Aber sogar von Insel zu Insel ist der Weg weit.

Wenn du zwischen den Inseln reist, und dir der Gedanke kommt, das Schiff könnte bersten und du würdest weggetragen und gefressen werden, so ist dieser Gedanke nicht ganz unberechtigt. Wenn du Angst hast, ja wenn du nicht alles hingibst, erreichst du deine Bestimmung nicht. Nur wenn du dich ganz hingibst, kannst du im Gefühl völliger Sicherheit leben. Nichts kann dir dann geschehen, und selbst wenn du fällst, landest du immer nur in den Armen deiner Mutter.

*Spontanes Unterrichten in der Sri Aurobindo Bibliothek,
Pondicherry*

Erziehung

Was immer wir Kindern beizubringen versuchen, bewirkt, dass sich in ihnen etwas verfestigt. Es gibt ihnen das Gefühl, als wären alle Dinge bereits gesehen worden, als wäre alles schon bekannt, und das wirkt desillusionierend. Die Kinder verlieren die Fähigkeit, die Welt direkt, auf ihre eigene, individuelle Art und Weise zu sehen und zu entdecken.

Erziehung, wie sie heute praktiziert wird, entspricht nicht der Wahrheit. Für ganz kleine Kinder ist jede einzelne Wahrnehmung eine Entdeckung, ein Wunder. Ihre biologische Zeit ist ganz anders als die unsrige. Für ein Kleinkind, das vom Esszimmer zur Küche krabbelt, ist sein Kriechgang eine Expedition, die unendlich viel Zeit beansprucht und ihm zahlreiche neue Sinneserfahrungen ermöglicht, mit Oberflächen aller Art, samtenen, glatten, weichen, rauen … Ich erinnere mich noch gut an diese Erfahrung. Später, beim Erwachsenen, geht diese ausgeprägte Sensitivität verloren. Jedes Mal aber, wenn wir uns wieder inkarnieren, nehmen wir einen neuen Körper an und ein begeisterungsfähiges Vital und ein frisches Mental – Instrumente, mit denen wir alles so erfahren, als geschähe es zum ersten Mal. So sollten wir die Dinge sehen, und die Erziehung sollte sich daran orientieren.

Als wir fließendes Wasser in unserem Haus in Moorea installierten, war unsere Tochter Vero drei oder vier Jahre alt. ‚Fließendes Wasser installieren', das hieß in unserem Fall, eine Quelle oben am Berg zu fassen und mehrere hundert Meter Wasserrohr zu verlegen; dies getan, kann man den Hahn öffnen, und das Wasser beginnt zu fließen. Ich habe ein Foto von Vero, welches ihr großes Staunen über den neuen Wasserhahn zeigt. Für sie war es die wundersamste Sache der Welt: Man braucht nur den Hahn zu öffnen, und das Wasser fließt!

Genau so sollten wir einen Wasserhahn sehen – als ob wir ihn zum allerersten Mal sähen! Und das gilt für alles, was der Mensch je entdeckt oder erfunden hat. Alles sollten wir mit diesen Augen des Staunens sehen. Es gilt sogar für den Cholera-Bazillus: Der Wissenschaftler, der ihn entdeckte, muss dieses Gefühl von tiefem Erlebnis und Wunder empfunden haben, das Wunder, etwas zum ersten Mal zu sehen.

Das Schwert Rolands

Mein Sohn Jean-Pierre träumte als Kind oft von Durendal*, dem Schwert Rolands. Ich hatte ihm diese Legende erzählt, und dass das Schwert von Roland in den Fels geschleudert worden sei, wo es heute noch stecke. Eines Nachts träumte er, dass er es in seinen Händen hielt. Aber als er erwachte, war es nicht mehr da. Ich schlug ihm vor, es ganz fest zu halten. Eines Morgens hörten wir ihn rufen: „Ich habe es gehabt, und jetzt ist es weg!"

Er war nicht gerade begeistert, nach Frankreich in die Schule gehen zu müssen – er war damals erst elf Jahre alt. Aber schließlich ging er trotzdem, denn er würde nach Ronceval gehen können, zum Schwert Rolands. Das war nicht weit von dem Ort, wo er dann wohnte. Tatsächlich ging er mehrere Male dorthin, um es zu suchen.

Erst als er hier zu Besuch in den Ashram kam, verstand er, dass alles symbolisch gemeint ist, dass das Schwert ein Symbol ist für die Fähigkeit des Unterscheidens (der Diskrimination), ein Instrument, das die Materie öffnen und das darin enthaltene ‚Eine' offenbaren kann.

[Nachdem ‚die Mutter' Vero und Jean-Pierre gesehen hatte, die auf der Durchreise von Frankreich nach Tahiti während sechs Monaten

im Sri Aurobindo Ashram weilten, sagte sie zu Medhananda:" Du warst Deinen Kindern ein guter Vater."]

Glorifizierung

Für jedermann kommt eine Zeit, in der alles, was man in seinem Leben getan hat (auch die Fehler, die banalen oder schlechten Momente) seine Rechtfertigung findet. Sogar für jemand, der sich wie in einer Hölle fühlt, kommt eine Zeit, wo alles gerechtfertigt, ja sogar verklärt und glorifiziert sein wird; die ganze Vergangenheit wird dann wie verwandelt erscheinen.

Ich habe diese Erfahrung nirgends beschrieben gefunden und habe auch noch nie jemand darüber sprechen gehört. Doch bei einer bestimmten Gelegenheit offenbarte sie sich mir besonders intensiv. Es war auf einer jener vergessenen kleinen Inseln, die von ihren Besitzern nur während einer bestimmten Jahreszeit besucht werden, um herabgefallene Kokosnüsse einzusammeln. Außerhalb dieser kurzen Erntephasen lag die Insel praktisch verlassen da. Ist es schon unwahrscheinlich genug, auf dieser Insel mit einem Umfang von zehn Kilometern irgendeinem Menschen zu begegnen, so trifft das noch mehr zu für deren Lagunen, die von fünfzig Kilometer langen, ringförmigen Korallenriffen umschlossen sind.

Ich badete in einer jener Lagunen, die so voller Wunder sind, und hatte das starke Gefühl, das erste menschliche Wesen zu sein, das diese zu Gesicht bekam. Es war, als schaute die Natur sich selbst zum ersten Mal an – durch meine Augen, durch mein Bewusstsein. An einem solchen Ort, wo Menschen niemals einen Fisch gefangen haben, lässt das Erscheinen eines feindlichen Fisches all dessen mögliche Beutetiere sofort ein

Versteck aufsuchen, aber ein Mensch wird überhaupt nicht beachtet. Und so kann man dort schwimmen, ohne irgendein Lebewesen zu stören. Diese Korallenriffe wimmeln von unzähligen, ganz unterschiedlichen Lebensformen. Man trifft auf alle nur möglichen Farben mit unzähligen Nuancen und auf außergewöhnliche und unwahrscheinliche Gestalten. Zum Beispiel auf jene Riesenmuscheln, deren Schalen in Kirchen als Taufbecken dienen. Man darf keinen Finger oder Fuß in eine derselben stecken, sonst schließt sie sich und das Unglück ist geschehen. Wenn sie sich öffnet und ausbreitet, ist das wie eine überdimensionale, bebende Blume mit den erstaunlichsten Farben, wie ein kleiner Weihnachtsbaum auf dem Grund des Ozeans.

All die geduldige, endlos lange Arbeit dieser Korallenkolonien, die über Tausende von Jahren diesen Palast der Wunder erschaffen hatten, alles, was nötig war, um endlich diese kleinen, bunten, glänzenden Fische ins Leben zu rufen – jede Spezies mit ihrer eigenen Anemone, ihrer Qualle oder einem Loch für ihren Schutz – all dieses lange, dunkle Mühen seit Anbeginn der Zeiten fand endlich seine Rechtfertigung, ja, mehr als Rechtfertigung – seine Glorifizierung. Alles hatte auf diesen Moment gewartet, um sich selbst zu sehen, sich selbst zu betrachten und schließlich sich seiner selbst zu erfreuen.

In solchen Augenblicken fühlt man sich zuerst wie ein Besucher, wie ein Ehrengast; dann wird man identisch mit allem, was um einen herum ist, und gleichzeitig ist man das beobachtende Bewusstsein, der ‚innere' Zeuge. Ich schwamm und schwebte in all dem – und dies war eine solch enorme Freude, ein solcher Schock –, ich konnte dabei nicht in mir selbst bleiben, ich kam in einen Zustand der Ekstase, jegliche Begrenzung verschwand.

Oft ging ich dorthin zurück, einfach um zu sehen, um zu schauen, und jedes Mal ergab sich dieselbe gegenseitige

Ekstase – eine Glorifizierung. Wir sollten alles auf diese Art sehen. Genau dazu sind wir hier; das ist alles, was von uns verlangt wird. Jede Blume möchte von uns betrachtet werden – sie sehnt sich nach dieser Verwirklichung, nach dieser Glorifizierung, sich durch unsere Augen zu sehen. Alles wartet auf diesen Blick von uns, auf dieses Wunder.

IV

Die Marquesas-Inseln

Die Kunst der Marquesas – eine Art Schrift

Die Marquesas-Inseln kenne ich gut, ich erforschte ihre fantastische Schönheit vor dem Zweiten Weltkrieg. Gewisse Leute haben beträchtliche Anstrengungen unternommen, um deren alte Kunstobjekte aufzufinden – konnten aber nichts entdecken. Nur vier oder fünf Keulen sind bekannt und in den großen Weltmuseen ausgestellt. Die anderen Kunstobjekte blieben bis jetzt gut verborgen. Von der etwa 100 000 Einwohner zählenden Bevölkerung betätigte sich etwa die Hälfte als Bildhauer, die andere als Tätowierer. Die Bewohner dieser Inseln waren sehr fleißig und arbeiteten ununterbrochen.

Sie müssen sehr viel geschaffen haben. Kunstgegenstände bedeuteten ihnen viel, vor allem wegen ihres magischen Gehalts. Sie wussten wirklich die Dinge zu schätzen und in Ehren zu halten.

Vor dem Krieg wollte ein reicher weißer Mann einen bestimmten Kunstgegenstand von ihnen bekommen und versuchte mit ihnen zu verhandeln und zu tauschen, aber da war nichts zu machen, obwohl es ein armes Land war. Landete jedoch ein weißer Mann mit einem Bart auf einer ihrer Inseln, gaben sie ihm eine hübsche junge Frau, eine ‚Vahiné‘, und er konnte bei ihnen bleiben, ohne arbeiten zu müssen.

Sie behandelten ihn als ihren Gast, schlicht um seines Bartes willen. Er musste nur damit einverstanden sein, dass man ihm diesen von Zeit zu Zeit schnitt. Barthaare waren nämlich sehr gefragt, vor allem wenn sie von rötlicher Farbe waren. Die Marquesaner verwendeten sie bei magischen Handlungen. Ich erwähne dies nur, um zu zeigen, wie viel ihnen gewisse Dinge bedeuteten. Und von all den vielen Kunstgegenständen, die mit Rattenzähnen über Jahre hinweg – oft sogar während eines ganzen Lebens – geschnitzt worden waren, wurden keine aufgefunden.

Es bestand ein großer Rangunterschied zwischen den gewöhnlichen Leuten und den Stammeshäuptlingen. Überall sonst auf den Pazifischen Inseln wurden Königsgräber gefunden, nicht aber auf den Marquesas-Inseln. Die dortigen gewöhnlichen Leute wurden nicht einmal informiert, wenn ihr König beerdigt wurde und wussten auch nicht, wo dies stattfand.

Zuerst wurde der Leichnam sorgfältig präpariert, d.h. er wurde mumifiziert, wie mir ein Stammeshäuptling erzählte. Jeden Tag salbte man ihn mit Öl ein und legte ihn an die Sonne; dies während etlicher Monate, bis er völlig trocken war. Schließlich wurde er in kostbare Hüllen gewickelt, worauf sich die Königsfamilie mit ihm zur Begräbnisstätte begab. Nur die Stammeshäuptlinge wussten um den Platz. Dort wurde der König in sein großes Kriegskanu gelegt.

Eines Tages saß ich am Strand einer dieser Inseln, zusammen mit dem lokalen Häuptling. Vor uns war eine weite Bucht, den Blick auf den Ozean öffnend, und innerhalb dieser Bucht, ziemlich weit draußen, lag eine ganz kleine Insel. Ich fragte den Häuptling: „Was ist das?" Häuptling: „Das ist tabu." Medhananda: „Ach so?" Häuptling: „Es hat dort heilige Vögel." Medhananda: „Ah, dort sind also die Königs-

gräber. Es ist ‚here-here‘– geliebt. Gehen wir zusammen hin?“
Häuptling: „Es ist ein schrecklicher Ort, haarsträubend!“

Die Marquesas-Inseln haben keine Korallenriffe – dort auf
dem Wasser sich einer Insel zu nähern, , kann sehr gefährlich
sein. Es gibt viele Plätze, an denen es unmöglich ist, anzule-
gen, außer bei gewissen Winden oder beim Gezeitenwechsel,
und andere, wo man gar nie landen kann. Dann muss jemand
auf dem Kanu bleiben und es inmitten der großen Wellen an
Ort und Stelle halten.

Wenn du in die Nähe jener kleinen Insel kommst, kannst
du von außerhalb nichts sehen. Zuckerhutförmig ragt sie aus
dem Wasser. An einer Stelle ist der Fels gespalten, dort ver-
läuft ein kleines Tal nach oben, das vollständig von Farn
bedeckt ist; in diesem Tal fließt ein kleiner Bach.

Als ich die Farne erblickte, wusste ich, dass dort nichts
Böses sein konnte, und dass die kleine Bachnymphe nicht
feindlich gesinnt war. Kletterst du den Fels hoch, stößt du auf
vulkanische Löcher, deren Öffnungen durch Farne verdeckt
sind. Manchmal bildet der Bach mit einem kleinen Wasserfall
einen Schleier davor. Und dort, in jenen Höhlen, liegen die
Könige in ihren Kriegskanus mit all ihren verzierten Waffen.

Der Häuptling hätte mich nie dorthin mitgenommen,
selbst wenn ich ihm ein Vermögen geboten hätte. Der Zufall
wollte es aber, dass seine Frau eine ‚Harepo‘ war. Harepo
bedeutet dem Wortlaut nach „jemand, der in der Nacht geht“,
also jemand, der aus seinem Körper bewusst hinausgehen
kann. Harepos erkennen einander. Ich sagte ihm: „Weißt du,
ich bin auch ein Harepo, ich habe keine Angst.“

Ein paar Tage später sprach sich im Dorf herum, dass der
Häuptling auf die Insel gehen wolle, um Vogeleier zu sam-
meln. Er blieb auf dem Kanu zurück.

Es war mir sehr feierlich zumute. Ich versprach, dass ich
nichts anrühren würde. So kletterte ich in diesen Felsen

herum. Wenn du in eine dieser Höhlen eintrittst, kannst du zuerst nichts sehen – es ist sehr dunkel. Dann beginnst du langsam, weiße Schädel um dich herum wahrzunehmen. Und da liegt auch der König in seinem Federgewand, wovon aber nicht mehr viel übrig ist. All die Objekte waren dort: riesengroße Schalen, so groß wie Badezuber, mit Eingravierungen auf der ganzen Oberfläche; Paddel aus Walschulterblättern, ebenfalls mit reichen Eingravierungen – da war nicht ein Quadratzentimeter unbearbeitet; Keulen aus Eisenholz, mit eingravierten Ohrmotiven; Flöten aus menschlichen Schienbeinknochen, auch diese mit kunstvollen Schnitzereien versehen – kurz, unglaubliche Schätze.

Und diese Inseln sind voller Höhlen, überall. Es handelt sich um eine Kunst, die ein integraler Bestandteil der Natur ist, und die auch eine Lebensweise darstellt. Sie ist nicht getrennt von der Person, welche diese Kunst ausübt. Sie bezieht sich auch auf das Individuum selbst, schließt es mit ein.

Die Bewohner der Marquesas-Inseln sind berühmt für ihre Tätowierkunst; sie haben sie bis zum Äußersten entwickelt. Das Tätowieren ist nicht bloß eine Form des Dekorierens. Die Motive sind dieselben, die man auch auf den Objekten findet. Tatsächlich handelt es sich um eine Art Schrift, mit der beispielsweise das heroische Leben des Häuptlings oder Kriegers erzählt wird, ähnlich der Art, wie amerikanische Kriegsschiffe im Zweiten Weltkrieg ihre Großtaten außen am Rumpf aufgemalt trugen: Wie viele Bomber oder Kampfflugzeuge oder feindliche Schiffe sie siegreich bekämpft hatten.

Die Marquesaner verstanden es, die Formen von Mensch, Tier und Pflanze auf ihre wesentlichen Elemente zu reduzieren, und diese so darzustellen, dass z.B. die Wiedergabe eines Wals den Archetyp des Wals selbst zum Ausdruck brachte. Die Erfindung der Schrift muss sich in den letzten 30000 Jahren viele Male wiederholt haben. Die Schreibkunst der

Marquesas-Inseln wurde noch nicht erforscht und bis heute nicht einmal als eine Form des Schreibens erkannt.

[Das marquesanische Wort für König ist „haka-iki" – „der das Auge isst": derjenige, der das Sehen (das innere Wissen) seiner Vorfahren absorbiert hat. Im alten Ägypten galt es, das Auge des Horus zu essen, das heißt, sich mit seinem eigenen wahren Selbst zu identifizieren. In beiden Fällen ist die Identifikation eine dynamische, die im Leben und im Handeln des Königs oder des Yogis zum Ausdruck kommt.]

Lichtbad

Ich reiste auf einem jener Segelschiffe, die von Insel zu Insel fahren, um dort getrocknete Kokosnüsse (Kopra) abzuholen. Das Schiff liegt jeweils drei bis vier Tage vor Anker, und setzt dann seine Fahrt fort. So kamen wir einst am frühen Morgen auf einer der Marquesas-Inseln an.

Als ich von Bord ging, trat ein alter Mann vor mich hin und sagte nur: „Meine Frau wartet auf dich." Ohne ihn um weitere Erklärungen zu bitten, folgte ich ihm.

Das Auffällige an dem Tal, zu dem er mich führte, war seine Enge, seine hohen Bergflanken aus vulkanischem Basaltgestein, und die Schatten, die unter den Bäumen des dortigen Urwaldes herrschten. Es war sehr dunkel. Schließlich kamen wir zu einem alleinstehenden Haus mit einem Dach aus Pandanus-Blättern, das in der dort üblichen Bauweise auf einer mannshohen Basaltplattform errichtet worden war. Als ich eintrat, wurde ich von der Leere des Raums überrascht: Es war nichts drin, kein Möbelstück, kein Gegenstand. Die Bambusjalousien glänzten fast vor Sauberkeit. Obwohl keine

Lampe brannte, schien der Raum voller Licht, vielleicht als Kontrast zum Wald, oder weil das Haus ganz neu war.

Eine Frau, nur noch Haut und Knochen, lag auf einer Pandanus-Matte auf dem Boden. Es war klar, dass sie an Tuberkulose litt und im Sterben lag. Dies war damals die Hauptkrankheit auf den Marquesas – eine ganze Bevölkerung war dabei, an ihr zugrunde zu gehen. Die Polynesier, die an Tuberkulose leiden, empfinden keine Schmerzen. Die Marquesaner nennen sie ,die Krankheit des Verschwindens', d.h. der Körper schwindet einfach dahin.

Die Krankheit erweckt in ihnen eine spezielle Fähigkeit, die sie ,hio-hio' nennen. ,Hio' heißt sehen oder schauen, ,hio-hio' bedeutet Hellsehen. Die Frau sagte: „Gestern Abend habe ich dein Schiff gesehen. Ich wusste, du würdest kommen und du würdest mir erklären, wie es ist, wenn man in die Nacht geht." Inspiriert vom außergewöhnlichen Glanz in dem Raum, sagte ich zu ihr: „Das ist ganz einfach: Du schließt deine Augen und alles wird Licht. Du gehst in dieses Licht wie in ein Bad. Es ist kein Körper mehr da – du bist ganz Licht."

Tuberkulose-Patienten haben große, glänzende Augen. Sie lachte und schloss ihre Augen, entschlossen, sie nicht mehr zu öffnen. Langsam verließ ich den Raum, sie in ihrem Lichtbad zurücklassend.

V

Kriegszeit

Der Polizeibeamte

Ich kannte einen außergewöhnlichen jungen Mann, der auf Moorea als Polizist tätig war. Es gab für die ganze Insel nur einen Polizeibeamten. Gewöhnlich ist das ein Bursche mit Schnurrbart, dessen einzige Sorge vom Moment seiner Ankunft an nur die ist, wie er sich mit genügend Wein versorgen kann.

Aber eines Tages erschien jener junge Künstler auf der Insel, ein Kunstmaler, der es geschafft hatte, eine Stelle als Polizeibeamter in Moorea zu erhalten. Es war seltsam, ein solch kultiviertes Wesen, wie er es war, in dieser Funktion zu sehen. Er kam damit aber ganz gut zurecht. Von Zeit zu Zeit besuchte er die Einheimischen: „Liebe Kinder, der Pastor hat sich beschwert, dass es während des Gottesdienstes zu laut sei in der Umgebung der Kapelle – das ist nicht gut, das gehört sich nicht!" Aber wie hätte er mit ihnen richtig schimpfen können, wenn er doch genauso verspielt war wie sie? Er war ein waschechter Pariser mit einem großen Fundus an markanten Slang-Ausdrücken. Er verstand die Tahitianer bemerkenswert gut. Mit der Zeit wurden wir enge Freunde.

Eines Tages jedoch kam er in einer furchtbaren Verfassung zu uns – er konnte kaum sprechen. Er ging in mein Zimmer und warf sich schluchzend aufs Bett. Er brachte kein Wort

heraus. Als er endlich sprechen konnte, sagte er: „Ich habe
ein Telegramm bekommen – sie haben den Krieg erklärt. Als
Polizeibeamter der Insel bin ich im Namen der französischen
Regierung verpflichtet, Dich zu verhaften."

Kriegsgefangener

Kriegsgefangener auf Tahiti zu sein, war anders als irgendwo
sonst. Nachdem wir für kurze Zeit in einem Fort interniert
waren, brachte man uns auf eine kleine Insel vor dem Hafen
von Papeete. Dort waren wir frei, uns selbst zu organisieren,
ohne Überwachung, und wir konnten uns so viele Bücher
beschaffen, wie wir nur wollten.

Unsere kleine Gruppe bestand aus sehr kultivierten, gebil-
deten Leuten, ideenreich und rücksichtsvoll zueinander.
Jeder Gefangene hatte seine eigene Hütte, deren Privatsphäre
respektiert wurde. So konnte ich meine innere Suche weiter-
verfolgen und hatte viele innere Erfahrungen.

Meine Frau (die Französin war) kümmerte sich erfolgreich
um unsern Besitz auf Moorea und die Erziehung der Kinder. Man war uns nicht feindlich gesinnt, und einige kleine
Schwindeleien wurden toleriert. Dies gab mir Gelegenheit,
meine Frau jede Woche im Wartezimmer des Zahnarztes zu
sehen, und unsere älteste Tochter konnte zum Lateinunter-
richt bei mir gar auf die Insel kommen.

Dennoch waren sechs Jahre Gefangenschaft eine sehr lange
Zeit.

Perlmutt

Während meiner Kriegsgefangenschaft lernte ich, Perlmutt zu schnitzen. Das ist ein wirklich spezielles Material – es fühlt sich in der Hand nicht so kalt an wie Elfenbein. Bei Muscheln und Perlmutt scheint etwas vom Vitalen im Subtil-Physischen zu bleiben.

In Tahiti findet man auf hundert Kilo Muscheln vielleicht zwei oder drei Kilo, die dick genug sind für eine Bearbeitung.

Wir stellten daraus kleine Figuren her, die wir zu einem fast beliebigen Preis verkaufen konnten. Nahm jemand eine solche Schnitzerei in die Hand, wollte er sie nicht mehr loslassen, denn das Material fühlte sich an wie eine Liebkosung. Auch nach dem Krieg schnitzte ich weiterhin Figuren aus Perlmutt, wann immer ich Zeit dazu hatte, bis ich in den Ashram kam.

Medhananda 1951 in Moorea

VI

Die Mutter

[Im Jahr 1948 schenkte jemand Medhananda Sri Aurobindos Buch ‚Die Mutter‘, das eben in Tahiti eingetroffen war, ohne zu ahnen, was für eine spirituelle ‚Explosion‘ dieses Büchlein in einem gut vorbereiteten Bewusstseinsfeld auslösen würde. Hier geben wir einige Texte aus seinem Tagebuch wieder, die er im ersten Monat dieser ‚Explosion‘ verfasste. Sie sind ein Ausdruck von Medhanandas Entdeckung der universalen Kraft der Großen Mutter* – in sich selbst und überall – schon bevor er in der Lage war, das Buch, das auf seinem Nachttisch lag, ganz zu lesen.]

Die erste Woche

Eine Beschreibung unseres Lebens: Stunden des tiefen, wunschlosen Glücks, mit dem Urgrund aller Dinge eins zu sein. Stunden der Qual, sich im engen Bewusstsein eines gewöhnlichen Menschen wiederzufinden. Erneute Annäherung an das Höchste Wesen, diese weite, namenlose Wirklichkeit hinter der Erscheinung der Dinge. Das Glühen jener Liebe, die die Universen gebiert, sie unterhält und wieder zerstört. Ein Baden im Licht.

Wenn du traurig bist, bist du von *Ihr* entfernt. Wenn du froh bist, bist du *Ihr* nah. Die kleine zirpende Grille ist eher mit *Ihr* vereint als der kritische Philosoph. Bist du traurig, so

ist das ein sicheres Zeichen, dass du in den Zustand der Maya*
gefallen bist. Wenn du aber *Sie* in Dir spüren kannst, erlebst
du alles voll Entzücken.

Donnerstag, 15. Januar 1948

Durch die Gnade der Mutter, erstes Samadhi*.

Freitag – Samstag

Als ich heute Morgen erwachte, war das Erste, was mir bewusst
wurde, die Gegenwart der Mutter, und mit Schauern des Entzückens dachte ich an den gestrigen und vorgestrigen Tag.

„Mutter, jeden Morgen, bevor ich meine Augen öffne, bitte
ich Dich um Deinen Segen!" Ich erblicke das Büchlein mit
dem Titel *Die Mutter* auf meinem Nachttisch. Ich bin immer
noch nicht in der Lage, es weiter zu lesen, es ist zu schön.
Heute Morgen war ich ganz erstaunt: Alle meine Wünsche
schienen sich unmittelbar zu erfüllen. Ich möchte jemanden
sprechen – und laufe ihm über den Weg. Ich brauche ein
Werkzeug – jemand kommt damit vorbei.

„Mutter, lass mich nichts mehr für mich selbst wünschen.
Dein Wille geschehe. Lass den meinen sich auflösen in Dir;
lass Deinen Willen in mir gebieten, so wie er es in Wirklichkeit überall tut." Später, auf dem Mitiaro (dem kleinen
Schoner, der zwischen Moorea und Tahiti verkehrte*)*, war
ich wie ein kleines Kind, das zum ersten Mal seine Augen
öffnet; alles war so neu und frisch – das Licht, die Wellen, der
Wind. Die Mutter hat mir eine neue Seele gegeben. „Mutter,
hilf mir, dass ich nicht stolz werde, auserwählt zu sein – einer
unter Zehntausend. Warum gibst Du mir so viel? Ich habe
nichts, das ich Dir geben könnte." Heute Abend, welch eine
Ruhe, welch eine Stille im inneren Ozean meines Herzens.

„Mutter, lass mich nicht verloren gehen in dieser inneren Stille. Meine Seele soll sich ganz zu Dir hinwenden, mehr und mehr. Lass mein Herz Deinen heiligen Namen singen, Tag für Tag, auf dass es ganz von Deiner göttlichen Wonne erfüllt werde. Mutter, lass mich ein vollkommenes Gefäß für Dich werden." Was mich stets von neuem erstaunt, ist, dass die göttliche Mutter in keiner Weise hart oder streng ist. Sie ist ganz frohe Botschaft, ganz befreiendes Lachen, ganz spöttisches Lächeln den Feinden gegenüber, ganz Trost und Zärtlichkeit für ihre Kinder. Sie ist viel eher Dionysos als Jahwe, viel eher Rausch als Nüchternheit. Sie kann schrecklich sein für jene, die sie zurückweisen, und verzeiht jenen, die sie mit ihrem ganzen Herzen suchen.

Der Heilige Franziskus sagte: „Fratres gaudeamus in domino – non memento mortis sed memento vitae aeternae." *[Brüder, erfreuen wir uns des Herrn, lasst uns nicht des Todes gedenken, sondern des ewigen Lebens.]*

Wenn deine Augen von Liebe erfüllt sind, so voll, dass sie weinen, kannst du die Mutter überall sehen.

Ich wollte nicht mehr schlafen, denn im Schlaf ist man sich ihrer Gegenwart nicht mehr bewusst. Aber in diesen Tagen ist es, als ob ich genesen würde. Ich kann mich nicht erinnern, je in meinem Leben so wie jetzt geschlafen zu haben: Sobald ich meine Augen schließe, herrscht absoluter Friede, völlige Entspannung, und die Gewissheit, dass, wenn ich wieder aufwache, Sie immer noch da sein wird. Früher bedeutete einzuschlafen, mich an die Schatten zu verlieren, mich wehrlos in die Albträume der Maya abgleiten zu lassen. Jetzt aber ist selbst mein Schlaf von einem süßen, ruhigen Licht ohne Bilder erfüllt. Wie gut ist es, in den Armen seiner Mutter zu schlafen.

„Mutter, ich möchte, dass mein Verstand stoppt. Ich will die Gewohnheit abwerfen, alles verstehen zu wollen. Der

Mann, den du berührt hast, versteht nichts mehr – aber er umarmt alles." „Mutter, in Ramakrishnas Buch heißt es, dass derjenige, der dich verwirklichen will, sich konzentrieren muss. Ich kann mich nicht konzentrieren – ich möchte mich verlieren. Lass mich Dir auf dem Pfad der Verehrung und Anbetung näherkommen."

Wer in Ekstase von Gipfel zu Gipfel gesprungen ist, für den werden die Wege der Logik zu langsam und zu schmerzhaft. Eben habe ich für einen Moment zu arbeiten aufgehört. Früher tat ich das aus Müdigkeit, jetzt tat ich es, um neue Stärke zu ‚trinken'. Die Mutter kam von hinten und berührte mich und senkte sich in mich hinab – wie eine innere Dusche oder wie herrliche Musik – in die Wirbelsäule und bis in die Finger- und Zehenspitzen. Und nun bin ich voll Entzücken, denn dies ist das erste Mal, dass sie gekommen ist, ohne dass ich sie gerufen habe.

Ich kann kaum schreiben. „Süße Mutter, ich wollte für Dich arbeiten – und Du kommst und stoppst mich!" Ich stelle fest, dass ich kaum noch lese. Früher konnte ich mich tagelang in den Büchern verlieren. Aber auch Worte gehören zur Maya, und selbst wahre Aussagen wirken manchmal wie umgekehrt, sind paradox. Ich lese Bücher, die aus Mutters hoher Inspiration geschrieben wurden, aber auch nicht so wie vorher, stundenlang. Ihre Worte sind zu mächtig, langsam senken sie sich herab, Wort für Wort, wie Wassertropfen. Und wie jeder herabfallende Tropfen Kreise bildet, die sich auf dem Spiegel der stillen Wasseroberfläche (meiner Empfänglichkeit) langsam zu großen Kreisen ausweiten, so fallen die Worte der göttlichen Mutter majestätisch in mein Herz, wie langanhaltende Töne einer riesigen Glocke, die alles in Resonanz versetzen und mich bis in alle Teile meines Körpers zum Erschauern bringen. Wie langsam läuten diese großen Glocken!

Die Mutter liebt das Schweigen, ein feierliches Schweigen, Schweigen, das sehr sanft ist, Schweigen, das lauscht, Schweigen, das Sie erwartet – dann ist Sie anwesend, auch schweigend –, und die beiden ‚Schweigen' verbinden sich.

Die Mutter liebt Musik – Musik, die erfreut, und Musik, die weint. Die aus meinem Herzen kommenden Töne gehen in Sie ein und werden im Ozean des Geistigen zu ewigen Vibrationen.

Beim Aufräumen blätterte ich kurz in einem Buch über das Leben des Heiligen Franziskus – jetzt will ich es nochmals lesen. Was für ein großartiges Leben war das doch, was für ein Kind der Mutter! Überall sah er das Göttliche – in der Armut, im Feuer, in der Sonne, im Wasser, und sogar die Steine waren göttlich für ihn. In allen sah er seine Brüder und Schwestern.

„Mutter, die Galaxien sind nur Staub zu deinen Füßen; wie soll ich, der ich so klein und unbedeutend bin, sie umarmen können?"

„Indem du, mein Kind, in dem Ausmaß, in dem du dich hingibst, ein Teil von mir wirst.

Dadurch wirst du wachsen, und eines Tages wirst du den Sternenhimmel als Staub zu deinen Füßen sehen."

Noch nie schien mir Maya so schön zu sein! Die Rinden und Zweige der Bäume sind Ihr Gewand, die Felsen und Berge Ihr wunderbares Kleid, die Sonne und das Licht sind Ihr Lächeln, die Wasserfälle und der Wind Ihr Gesang.

Donnerstag

Heute ist es eine Woche her, dass sich das Gewahrsein Ihrer höchsten Gnade in mich herabgesenkt hat: Eine Woche, die eine Ewigkeit zu sein scheint, eine Woche voll unerhörter Reichtümer.

Gerade vorhin war ich etwas traurig und dachte an das Glück der vergangenen Woche und den Moment, als Sie mich zum ersten Mal segnete. Es gehört zum Wesen des Lebens, stets nach mehr zu verlangen und sich nicht mit Erinnerungen oder Hoffnungen zufriedenzugeben. Aber ich habe gelernt, nicht fordernd zu sein, man darf nichts verlangen, nicht einmal Ihre Gegenwart. Aber gerade jetzt, beim Öffnen dieses wunderbaren kleinen Buches von Sri Aurobindo, als mein Blick auf den Titel *Die Mutter* fiel, wurde ich von Ihrer Gegenwart wie mit einem Pfeil durchdrungen.

Ich weiß nicht, wann ich fähig sein werde, dieses Buch zusammenhängend zu lesen. Kaum habe ich zu lesen begonnen, hält mich die Freude, welche die Worte in mir auslösen, vom Weiterlesen ab.

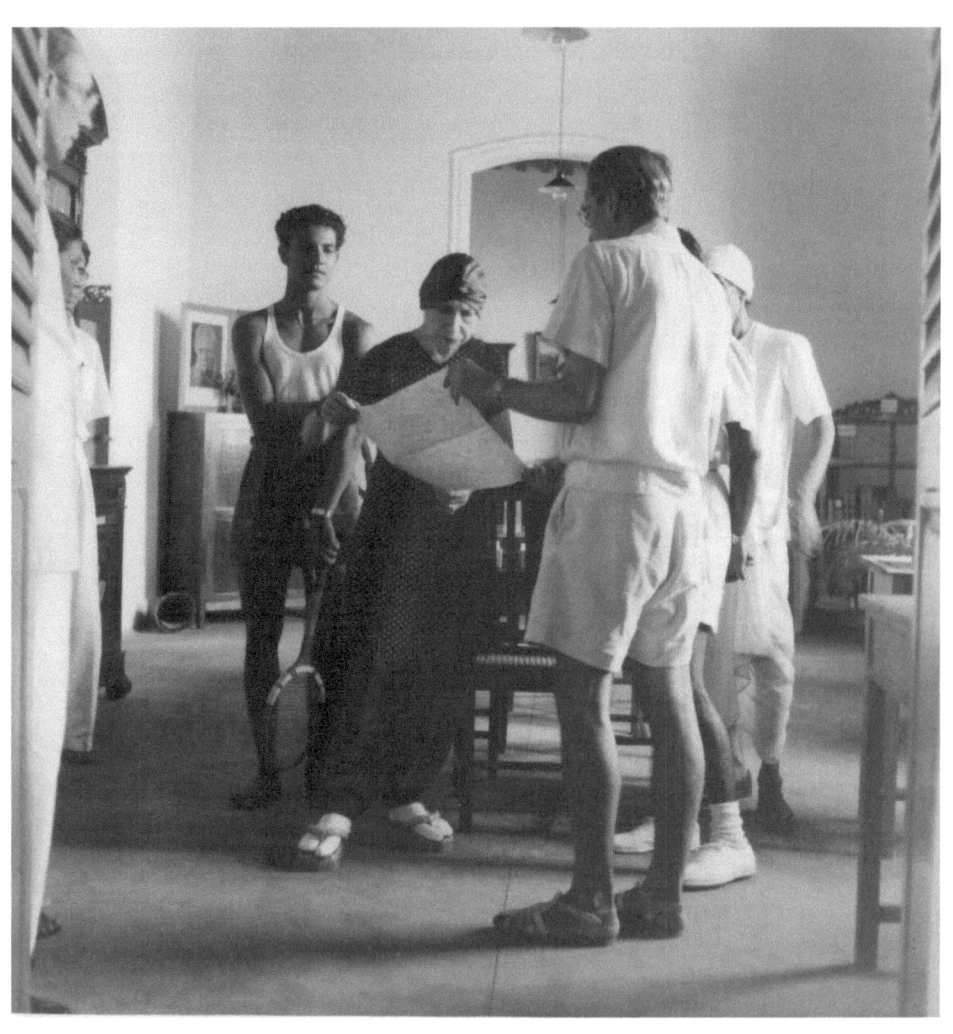

1952, die Mutter studiert ein Dokument, das ihr von Medhananda gezeigt wird.

Samstag

Gestern hatte ich den ganzen Tag zu tun und rannte hierhin und dorthin, wie ein in der Maya verlorenes Kind. Am Abend war ich bei einem Chinesen, und als ich erschöpft nach Hause aufbrechen wollte, wusste ich plötzlich, dass Sie mich erwartete. Jegliche Müdigkeit war verflogen, fast hätte ich den alten Chinesen umarmt. Und tatsächlich, als ich draußen war, trat *Sie* in mich ein – oder ich in *Sie*, ich weiß es nicht genau –, so wie zwei Töne einer Glocke, die miteinander verschmelzen.

Ich ging nicht mehr, ich war schwerelos geworden, rund um mich herum war magische Schönheit. Das Gras, auf das ich trat – es war Sie. Ich wagte nicht mehr, meine Füße darauf zu setzen. Jeder Tropfen Tau war Sie. Das Licht meiner Lampe: Sie. Die Sterne: Sie. Schwingung um Schwingung kam in mich herab. Ich konnte mich kaum aufrecht halten. Und selbst jetzt noch, während ich dies schreibe, fließt Schauer um Schauer durch mich hindurch. Ich weiß nicht, wie oder wann ich nach Hause zurückkehrte.

„Mutter, wenn es dies ist, was du für Deine Kinder bereit hast, dann habe ich nur ein Gebet: „Gib uns heute und auch alle Tage diese himmlische Nahrung.“

Die drei folgenden Wochen

Die Mutter: „Mein Kind, wenn du mich rufst, ist das, was du fühlst, eine kleine Ekstase. Glaube nicht, dass du das Ziel deines spirituellen Lebens erreicht hast. Geh weiter voran. Tauche tiefer in meine Gegenwart ein. Die Zeit wird kommen, in der du mich ganzheitlich verwirklichen wirst, in der du mich überall sehen wirst und ich immer mit dir kommunizieren kann."

Mittwoch, 4. Februar 1948

Heute beim Arbeiten, ich weiß nicht wie, verlor ich Sie. Ich fühlte mich schlecht und ging in den Wald, um Sie zu suchen. Dort sah ich Sie verborgen in den Bäumen, den Felsen, überall, nur nicht in mir selbst. Ich rief Sie, aber es kam keine Antwort. Ich fühlte mich traurig und rief lange Zeit nach Ihr. Frustriert wollte ich mich auf den Heimweg machen, als ich plötzlich Ihr neckisches Lachen in mir vernahm: „Siehst du nicht, dass deine Mutter ja hinter dir ist? Brauchst du mich denn immer noch zu rufen? Weißt du nicht, dass ich immer bei dir bin, in dir, um dich herum? Öffne deine Augen und Ohren! Christus hat gesagt: „Klopfe an, und es wird dir aufgetan." Ich sage dir: „Du brauchst nicht mehr anzuklopfen, nicht mehr zu rufen, die Wohnstatt deiner Mutter ist immer offen für dich."

„Aber Mutter, ich habe solche Angst, Dich zu verlieren!"

„Gerade wegen dieser Angst kannst du meine Gegenwart nicht mehr spüren."

Glücklich der Tag, an dem du von Ihr, der Göttlichen Mutter, erfüllt bist, wenn du von ihrer Liebe ganz durchdrungen bist – wenn keine Handlung, nicht einmal die komplizierteste, dich von Ihr trennen kann, wenn deine Aufmerksamkeit vollkommen von Ihr besetzt ist, wenn du dir gewahr bist, dass Sie deine Handlungen ausführt und dein Körper Ihr gehorcht, wenn du von Ihr ganz erfüllt bist, wenn du Sie ununterbrochen in deinem Herzen fühlst. Du schaust und siehst nichts als Sie, du lauschst und hörst nur Sie, du fühlst, berührst, schmeckst, du trinkst, sprichst und denkst – Sie allein.

Gezwungen zu sein, in der Arbeit einzuhalten, auf dem Vorwärtsmarsch immer wieder still zu stehen, weil Seligkeit in dir fließt, die Erkenntnis, frei zu sein, nicht mehr diesem Tal der Schatten anzugehören, sondern auf dem Weg des Buddha zu sein, desjenigen, der weiß… Mutter, all das kommt durch Deine Gnade. Du bist die Lenkerin meines Wagens, Du bist mein Weg, und Du bist mein Ziel.

In diesem Wald der Dinge können wir nicht immerzu auf einen Baumwipfel steigen, um das Licht zu sehen. Aber von Zeit zu Zeit schickst Du mir einen Strahl der wahren Sonne, um meinen Weg zu erhellen.

Schon recht lange habe ich nicht mehr in dieses Heft geschrieben, dies aus mehreren Gründen: Der wichtigste ist, dass ich zu viele Erfahrungen gemacht habe. Aufgehört habe ich auch, weil mir beim Durchlesen dieser Seiten schmerzlich bewusst wurde, dass alles nur mich betraf, immer nur mich. Schließlich die Erkenntnis, dass die Formulierung, die gestern wahr war, heute – in einem größeren Licht gesehen – schon wieder falsch sein kann. Es gibt immer noch tiefere Wahrheiten, die, wenn man sie ausdrückt, zu Paradoxen werden. So sagte ich mir: Lassen wir das Weitere ganz im Schweigen geschehen. Doch die Mutter weist mich an, zu schreiben.

Es ist noch keinen Monat her, dass ich die Mutter kennengelernt habe, und doch scheint es mir wie ein ganzes Leben zu sein. Es sind nicht mehr die erschütternden Ekstasen wie zu Beginn, aber beim Arbeiten fühle ich ständig Ihre Gegenwart. Wenn ich ruhe, meditiert sie in mir, und immer spüre ich ihre köstliche Berührung, wenn ich ihren Willen ausführe. Und begegne ich Ihr in einem Gegenstand oder einem Wesen, ist da immer noch das gleiche tiefe Erbeben. Ich kann nicht sagen, was köstlicher ist, die heftige Ekstase oder das Gewahrsein ihrer sanften Gegenwart.

Mutter, ich gebe Dir meine Tränen hin. Sie waren so süß und kostbar, doch war es ein Fehler, sie herbeizuwünschen, denn sie gehören zur Welt der Maya. Mutter, die Maya begann mir zu gefallen, denn in allen Dingen sah ich Spiegelbilder Deiner Gegenwart – in den Sternen, den Wolken, in der Kühle des Wassers. Ich bringe dir diese Spiegelbilder dar, nimm sie zurück. Sie gehören Dir allein, in ihrer Ursache, so wie in ihrer Wirkung. Mutter, ich gebe Dir mein Entzücken hin, ein Entzücken, an dem jeweils alle Zellen teilnehmen.

Nimm dieses unglaubliche Entzücken zu Dir zurück und schenke mir Entsagung, totales, integrales Verzichten auf alles, denn nur das kann unsere Verbindung rein und ewig machen.

Die Mutter wird nur in ein reines Herz eingehen, ein Herz ohne jedes Begehren, ein Herz ohne alle Traurigkeit, ein Herz frei von Egoismus, ein Herz, das sich selbst vergessen hat, ein Herz, das reiner Spiegel geworden ist und alles nur zurückspiegelt. Die Mutter wünscht, solche Herzen zu bewohnen, denn durch sie betrachtet Sie ihre Maya, ihr Spiel, durch sie kann Sie die Schönheit ihrer Rosen sehen, die Musik ihrer Geschöpfe hören, die Wirkung ihrer göttlichen Liebe spüren.

Um nicht mehr allein zu sein, muss man zum einsamsten aller Menschen werden. Um im herrlichsten Königreich zu leben, darf man nichts mehr besitzen. Mit welcher Freude konnte Christus sagen: „Mein Reich ist nicht von dieser Welt." Früher glaubte ich, dass er dies mit einer gewissen

Traurigkeit gesagt habe. Aber wie muss er sich beeilt haben, aus diesem Tal der Tränen herauszukommen!

Jetzt scheint mir, dass ich keinen Augenblick mehr für mich übrig habe bei all den kleinen Alltagspflichten: Perlmutt schnitzen, Kaffeebohnen schälen, Besucher empfangen – Leute, die keine Ahnung haben, wie kostbar meine Zeit ist; nicht im üblichen Sinne von ‚Zeit ist Geld‘. Ich möchte ganze Königreiche, innere Welten, neue Universen erkunden, und da verhüllt die Maya alles mit ihrem Schleier und bittet mich, eine französische Kette auf ein amerikanisches Fahrrad zu montieren. Erneut bin ich bereit, in meine Tiefe zu tauchen; Wellen des Entzückens durchlaufen mich, ich bin in freudiger Erwartung – da kommt mein chinesischer Nachbar und bittet mich, ihm in wenigen Worten die Geheimnisse seiner neuen Kamera zu erklären!

Wenn die Mutter mich ruft, tauche ich ein – ich weiß nicht für wie lange, eine Sekunde oder eine Ewigkeit –, und komme ich zurück, steht meine Tochter da: „Papa, wir müssen die Waschmaschine einschalten. Was ist los, du hast ja geweint?“ „Nein, Liebes, es ist alles in Ordnung. Das waren Freudentränen. Los, gehen wir und schalten die Waschmaschine ein.“ Und weil Sie sich in meinen Tränen spiegelt, ist sogar die Maya wunderbar geworden.

Brief an den Freund, der Medhananda Sri Aurobindos Buch *Die Mutter* schenkte:

Mein lieber Freund, ich könnte Dir ein Leben lang danken, und dennoch wäre es nicht genug. Ich weiß, dass Du mir antworten wirst, Du seiest nur ein Instrument gewesen. Aber Du warst ein so vollkommenes Instrument! Und wenn die Quelle Ihrer Liebe, die unaufhörlich hervorströmt und überströmt, Dir auf dem Weg zum inneren Wissen helfen kann, so freut mich das sehr. Das andauernde Glück, das ich empfinde, wurde sicherlich nicht in diesem Leben verdient, und selbst wenn es, auch nur in geringster Weise, die Wirkung vieler Inkarnationen wäre, so ist der Rest doch reine Gnade. Diese Gnade ist so enorm, sie steht in so keinem Verhältnis zu dem, was ein Mensch dem Göttlichen geben kann, dass jede menschliche Größe angesichts des ganzen Universums und all seiner Galaxien verblasst.

Gebet an die Mutter:

Ewige Mutter, gib mir die Fähigkeit, die Seligkeit Deiner Gegenwart zu ertragen. Gib mir die Stärke, Dir ständig meine Seele darzubringen. Gib mir die Geduld, ohne Traurigkeit auf Deine Rückkehr zu warten. Du hast mein Herz gelehrt, Deine heiligen Namen zu singen, lass es singen! Du hast mir Dein Antlitz des Lichts offenbart: Lass meine Augen Dich in allem sehen! Lass die Erinnerung an Deine bezaubernde Süße immer in mir wach bleiben und lass die Gewissheit, eines Tages für immer und immer mit Dir eins zu sein, mich nie verlassen.

VII

Mehetia

Die Insel

Noch niemand hat über die außergewöhnliche Insel Mehetia berichtet. Die Inseln im Pazifischen Ozean sind vulkanischen Ursprungs. Gewöhnlich wurden ihre Konturen durch Erosion geglättet und die Meeresbuchten um sie herum aufgefüllt, was wiederum die Bildung von Korallenriffen erlaubte. Es entstanden viele natürliche Buchten, die geschützt und einladend sind, und wo das Anlegen mit einem Schiff keine Probleme bereitet.

Die Insel Mehetia jedoch hat steile Kliffe, die ringsum ins Meer abfallen. Sie weist kein Schutz gebendes Korallenriff auf, und daher ist es sehr schwierig, sich ihr zu nähern. Sogar bei ruhigem Wetter schlägt die große Brandung des Pazifiks gegen die Kliffe und lässt abenteuerlustige Reisende an ihnen zerschellen.

Diese kleine Insel ist unbewohnt – nur einige wenige Asketen haben je darauf leben können. Sie muss ein polynesisches Einweihungszentrum gewesen sein. Während die anderen vulkanischen Inseln ganz aus schwarzem Basalt bestehen, ist diese – die jüngste von ihnen – von der Art des Stromboli (in Italien) oben auf ihrem Kegel mit roter Lava bekleidet, was ihr eine geheimnisvolle Schönheit verleiht. Ihr schmaler, nur wenig erodierter Krater erhebt sich an seiner höchsten Stelle

435 Meter über den Ozean. Die nächstgelegene Nachbarsinsel, die ungefähr hundert Seemeilen entfernt liegt, ist wiederum schwarz, und die Fahrt von der einen zur andern dauert mit einem kleinen Schoner ungefähr 24 Stunden. Diese beiden Inseln liegen von den anderen Inselgruppen abgesetzt. So war Mehetia immer wohlbeschützt vor unerwünschten Besuchern, dies sowohl durch ihre isolierte Lage, als auch durch ihre unwirtliche Küste.

Wenn sie dich aber akzeptiert, offenbart sie ihre wahre Natur. Sie scheint eigens auf das Maß des Menschen zugeschnitten zu sein, so beschaffen, dass er sich auf ihr so wohl wie nur irgend möglich fühlen kann. Normalerweise ist es sehr schwierig, sich auf vulkanischem Terrain fortzubewegen, denn große Basaltfelsen versperren allerorts den Weg. Auf dieser Insel jedoch finden sich alle möglichen natürlichen Pfade, und man hat den Eindruck, sie würden ständig von jemandem unterhalten und gepflegt. Die Äste der Bäume hängen gerade so tief, dass sie einem freien Durchgang gewähren. Ihre Früchte sind nicht verborgen, sondern scheinen sich einem darzubieten. Und die Blumen wachsen an den schönsten Stellen, so als ob sie dort die günstigste Wirkung erzielen wollten. Nie wird man mit etwas Feindlichem oder Gefährlichem konfrontiert, keine Pflanze hat Dornen. Der Boden ist nicht wie hier in Indien von einer harten, sandigen Grasschicht bedeckt, sondern es wächst dort, sogar im Schatten, ein äußerst weiches, feines Gras, das einen lebendigen Teppich unter deinen Füßen bildet. Der Basalt des Berges ist voller vulkanischer Löcher, sogenannter Fumarolen. In den kleineren davon leben große Seevögel der Gattung Phaeton, mit schneeweißem Gefieder und zwei langen roten Federn am Schwanz. Tagsüber fliegen sie aus und fangen Fische, abends kehren sie zurück und verbringen die Nacht in ihren Löchern.

In früheren Zeiten wurden die Priester „Harepo" genannt – jene, die in die Nacht gehen. „Po" bedeutet Nacht und „hare" heißt gehen. Die Nacht, im Gegensatz zum Tag, steht für die innere Welt. Diese Priester verfügten über ein großes inneres Wissen. Sie wussten auch genau, wann sie sterben würden. Dann kamen sie auf diese Insel und legten sich in eine der Fumarolen, wo ihr Körper nach dem Tod noch lange Zeit erhalten blieb. Es gab keine Insekten in der Umgebung. Der Leichnam trocknete aus und mumifizierte sich. Sie hatten gelernt, wie sie es vermeiden konnten, ihn ganz zu verlassen: Ihr vitales Wesen blieb mit dem Körper verbunden. Und da liegen sie immer noch. Kein gewöhnlicher Einheimischer würde sich je auf diese Insel wagen, denn nachts wandeln dort die Harepos mit ihren großen leuchtenden Federkronen. Auf der ganzen Welt wurden in der vedischen Epoche nur quadratförmige Altäre gebaut, doch auf dieser Insel gibt es große dreieckige Altäre aus Stein, die man nirgends sonst findet. Diese Altäre sind von heiligen Bäumen umgeben, dem polynesischen Banyanbaum, dem Ora, der mit seinem weit ausladenden Laubwerk eine Art Kathedrale über dem Altar bildet. Auch dahin, zwischen die herabhängenden Wurzeln des Ora, gingen die Priester, um zu sterben, – und der Banyanbaum würde sie schützend umarmen und in sich aufnehmen. Das Holz des Ora ist extrem porös und bröckelig. Es zerfällt aber nicht und ist resistent gegen Dürre. Wenn die Äste abbrechen, bilden sie Wurzeln, wo immer sie hinfallen. In einem gewissen Sinne ist es ein unvergänglicher Baum, denn jeder gefallene Ast gebiert einen neuen Schössling. So gibt es Hügel, die von einem einzigen Baum überwachsen sind. Und weil er so leicht bricht, nimmt er sehr seltsame Formen an.

Unter den zahlreichen Vögeln auf dieser Insel lebte auch ein einzelner Fischreiher mit weißem Gefieder. Dieser Vogel ist sehr selten geworden, ein Überbleibsel aus der Goldenen Zeit. Die übrigen Fischreiher, die alle grau waren, und auch all die anderen Vögel suchten seine Gesellschaft. Man stelle sich die Würde dieses weißen Fischreihers vor, wenn er auf seiner Insel spazierte. Er hatte sich an mich gewöhnt, und da er sah, dass ich ruhig war, wagte er sich ganz nah an mich heran.

Auf der Insel lebte auch noch ein alter Einheimischer, der aber so sehr ein Teil der Insel war, dass die Tiere ihn gar nicht beachteten; sie betrachteten ihn als einen der ihren.

Ein Felsvorsprung der Insel bildete ein riesiges Amphitheater, das sich zur See hinunterneigte. Es gab dort wirklich Stufen, sie schienen wie ins Gelände gehauen, und an einer Stelle standen Seite an Seite zwei riesengroße königliche Throne. Setzte ich mich dort hin, konnte ich eine herrliche ‚Show‘ beobachten. In diesem kreisförmigen natürlichen Amphitheater gaben die großen Seevögel, die Fregattvögel, ihre Vorstellung. Auf den Stufen lagen im Abstand von ca. zwei Metern ihre Nester. Die Männchen flogen aus zur Fischjagd und kehrten mit Futter für die Kleinen und das Weibchen zurück. Bevor sie erneut auf Fischfang gingen, gaben sie aber immer eine Demonstration ihrer Talente. Dabei pflegten sie sich fallenzulassen, um sich dann in vollem Flug wieder aufzufangen. Sie gaben alle möglichen Kunststücke zum Besten, und die Weibchen schauten ihnen zu. Jedes Männchen wollte besser sein als seine Konkurrenten. Einigen davon gelangen bei diesem Spiel unvergleichliche Flugmanöver. Es war ein endloses Spielen und Demonstrieren, fast wie in einem Zirkus, den ganzen Tag lang, direkt vor meinen Augen, wie ein Theaterschauspiel. Das Schwierigste war, absolut bewegungslos in der Luft zu bleiben und sich mit ausgestreckten Flügeln dem Wind entgegenzustellen. Die Passatwinde, die dort sehr stark sind, bliesen ohne Unterlass, was dieses Kunststück überhaupt erst möglich machte. Diese Flugkünstler konnten ihre Schwingen ausbreiten und reglos im Wind schweben, sie hoben und senkten jeweils nur die eine oder andere Feder, um das Gleichgewicht zu wahren.

Auf diesem Felssporn verbrachte ich viele Tage. Ich saß dort in meditierender Haltung, und die Vögel flogen geradewegs zu mir hoch, ließen sich in zwei, drei Metern Entfernung vor mir nieder, blieben dort unbewegt und schauten mir in die Augen.

Frieden

Auf dieser Insel gab es nichts, was mich hätte stören können. Innerhalb von zehn Minuten konnte ich genug Nahrung finden für den ganzen Tag: einen Korb voll Krustentiere oder einen großen Fisch. Nachdem ich so um neun Uhr morgens gegessen hatte, ging ich jeweils zu einem flachen Felsen, der wie eine Art Terrasse in die See hinausragte, und setzte mich dorthin, um zu meditieren. Der Fels war schon da seit dem Tertiär, und schwarzer Basalt ist etwas vom Schwärzesten, was ich kenne. Ich konnte sehen, wie sich das Wasser des Ozeans auf beiden Seiten langsam senkte und wieder anschwoll. Das erzeugte zwei Wellen, die sich außen am Felsvorsprung trafen und dort wie ein Geysir hochschossen. Dieses Naturschauspiel dauerte an, immer das Gleiche, bis zum Sonnenuntergang. Und es ging weiter, tagelang, wochenlang... Das ist Frieden.

Es gibt verschiedene Arten von Frieden. Jede Welt kennt ihre eigene Art, und von jeder sollten wir einen Geschmack bekommen. Zuerst sind da die physischen Formen des Friedens: wie man sich z. B. fühlt, wenn man nach einem langen Tag harter Feldarbeit sich abends zum Ausruhen hinsetzt.

Eine Form des Friedens im Vitalen kann man spüren, wenn z. B. das vitale Wesen aus dem Körper hinausgeht, und man während des Moments des Austretens das Empfinden einer befreienden Ausdehnung hat (wenn die materielle Welt verschwindet, sich für einen auflöst) und der Körper vor Freude erzittert, und man ein tiefes Glück fühlt.

Wenn man in einem nächsten Schritt auch aus diesem Vitalkörper* hinausgeht (ihn sozusagen in einer Ecke zurücklässt) und alle Gefühle und Empfindungen loslässt, tritt man in die mentale Welt ein, die abstrakt ist und die (auf höherer Ebene) Verbindungen von Gegensätzen herstellen kann – das ist dann ein Frieden im Mental.

Geht man noch weiter und verlässt auch diese Hülle, löst sich alles auf: In deinen Frieden kann nichts mehr eindringen oder ihn stören – es ist ein Bewusstsein, das in sich selbst ruht.

Ozeanische Nächte

In den tropischen Wäldern gibt es jede Nacht einen feinen Regen. Er ist gerade stark genug, dass man ihn auf dem Dach seiner Strohhütte leise singen hört. Wenn man inmitten der Natur alleine schläft, ist das ein ganz anderer Schlaf, als wenn man in einer Stadt unter Menschen schläft; es ist ein sehr leichter Schlaf. Die geringste Berührung weckt einen auf. Man hört das leiseste Geräusch – zum Beispiel, wenn das Rauschen des Meeres für einen Augenblick aussetzt. Es ist sehr auffällig, wenn sich keine einzige Welle am Strand bricht – es alarmiert einen. Alleine in der Natur zu schlafen, befähigt einen, auf der Schwelle zu bleiben – der eine Teil schläft, der andere lauscht.

Wenn es regnet, senkt sich eine Ruhe über die Natur. Die Tiere sind nicht draußen unterwegs, auch keine Zauberer und Geister. An Vollmondnächten jedoch gehen alle hinaus, da regt sich sogar mehr als am Tage. Sternen-Nächte ohne jegliches Mondlicht sind wieder etwas Anderes. Es gibt gewisse Erfahrungen, die man nur in den Tropen haben kann. Wenn es warm ist, ist man einfach offener. In einem kalten Klima ist einem nicht danach zu Mute, aus dem Körper zu gehen – man neigt eher dazu, sich in sich selbst zurückzuziehen.

Wenn man alleine auf einer Insel lebt, bringen einem die Nächte einen nochmals anderen Schlaf.

Dort war ich in meiner kleinen Hütte, und etwas kam, um mich aufzuwecken. Es geschah etwas ‚draußen‘ – ich war zu einem großen Fest eingeladen. Der physische Körper mag es nicht besonders, wenn man aus ihm austritt. Für ihn ist das ein wenig, als ob er sterben müsste. Er begann zu zittern. Aber es überkam mich eine so große Freude, dass ich aus ihm austrat. Und es war in der Tat ein großes Fest. Die Luft war so klar, dass die Sterne ganz nahe und sehr groß erschienen. Sternenlicht ist reiner als Mondlicht. Nur die Sterne waren da und die Tiefe des Himmels. Die Insel schwebte im Raum, gleich einer Abschussrampe für eine Rakete. Zur Welt der Sterne reisen, kann man aber nicht mit seinem vitalen Nervenkörper: Keine Empfindung oder Emotion, kein Bild kann in jener Unendlichkeit reisen. Man muss also auch aus seinem Vitalkörper austreten. Und unser physisches Vital und unser mentales Vital mögen das auch nicht: Die Haare stehen dir zu Berge. Du wirst reine Schwingung und trittst mit einem leisen Erschauern aus.

Und da bist du, jenseits der Sterne, selbst jenseits des Himmels, in einer Substanz von Licht, die deine eigene ist, und die jeder Galaxie in Zeit und Raum Leben gibt. Du bewegst dich durch diese Verzauberung, und deine eigene Spur lässt

dich schwindlig werden. Es gilt, eine letzte Hürde zu nehmen – und dies vermag allein die Liebe: Eine große mütterliche Liebe ist überall um dich herum und wartet auf dich. Da ist eine Sehnsucht, dich in ihre Arme zu werfen, die Arme der großen Mutter. Und du weitest dich in ihr, bis du mit deinen Flügeln die Grenzen des Universums berührst. Und alles, was du in deinen kleinen Körper auf der Insel zurückbringen kannst, ist die Erinnerung an eine unendliche Seligkeit.
Dies alles ist nur an hohen Festtagen möglich.

Die Griechen erzählen in einer Legende, dass ihre großen Helden in den Sternen leben. Dies muss aus der Erinnerung an ähnliche Erfahrungen stammen. Auch die Chinesen kennen etwas Ähnliches. Und die Polynesier haben eine Geschichte für jeden Stern.
Ich habe hier von *Brahmaloka** gesprochen – der Bewusstseinswelt Brahmas.

Auf der Insel Mehetia

Eine innere Verbindung – wie in der Goldenen Zeit

Als ich das letzte Mal jene Insel besuchte, reiste ich mit einem Passagierschiff auf Rundfahrt. Man setzte mich auf dem Hinweg ab, und auf dem Rückweg nahm man mich wieder auf. Man kann nicht wissen, was es heißt, allein zu sein, bis man es erfahren hat. All die Beziehungen, die man sonst mit den Menschen hat, sind – wenn man alleine ist – auf die Natur um einen herum ausgerichtet.

Die ganze Zeit vernimmt man auf dieser Insel das Anbranden der Wellen gegen die Felsen. Ehe ich von Mehetias physischer Existenz wusste, sah ich sie schon in meinen Träumen – bis ich sie endlich erblickte. Ich sah sie nicht wie es Menschen gewöhnlich tun, d.h. mit meinen physischen Augen. Ich sah sie als Ganzes, alles auf einmal, fest auf dem Grund des Ozeans stehend. In dieser Gegend ist der Ozean extrem tief.

Diese Insel ist wirklich ein sehr hoher Vulkan, von dem nur gerade der Gipfel herausragt, und dessen Haarschopf aus Kokosnusspalmen sich nur knapp über dem Wasser befindet.

Sie kommunizierte unablässig mit mir. Auch wenn ich weit weg war, auf Tahiti oder sonst wo, geschah es, dass ich nachts aufwachte, weil sie mich rief. Sie war wirklich wie eine Geliebte für mich. So muss es für die Menschen gewesen sein, vor langer Zeit: Sie hatten diese innige, persönliche Verbindung mit allem, es muss eine ‚Goldene Zeit‘ gewesen sein.

In meinem Tagebuch habe ich viele innere Erfahrungen aufgezeichnet, die ich damals hatte. Erst kürzlich las ich darin – aber nirgendwo hatte ich etwas über meine tiefe Verbindung mit Mehetia geschrieben. Ich realisierte damals noch nicht, dass auch das eine ganz besondere Erfahrung war.

Im Norden war die Insel absolut unzugänglich: Man musste um sie herumschwimmen. Steine rollten unablässig herab.

Wenn ich mich von meinem Felsvorsprung zum großen Wald begeben wollte, nahm das einen ganzen Tag in Anspruch. Es schien nicht weit zu sein, aber es ging immerzu auf und ab. Die Gegend war von prächtigen Bäumen mit den seltensten Düften überwachsen. An anderen Stellen war der Wald offener, dort gab es Orangenbäume und auch Brotfruchtbäume. Ganz im Süden umschloss ein kleines auftauchendes Korallenriff Bassins mit warmem, sehr salzigem Wasser von Körpertemperatur, bedeckt mit einer Schicht roten Mooses wie ein Orientteppich, wo winzige blaue Fische lebten.

Auszug aus einem Tagebuch auf Mehetia

Solange die Ekstase kommt und geht, ist sie menschlich. Sie muss unerschütterlich werden – dann erst beginnt das göttliche Leben. Ich beginne zu meditieren, und zwei Minuten später denke ich an den Käse, den ich nicht ins Lebensmittelfach zurückgelegt habe; und nach weiteren zwei Minuten an etwas anderes, und wieder zwei Minuten später an ein Drittes.

Dann rufe ich: „*Mutter*, ich kann nicht meditieren! Komm und meditiere in mir!" Sie kommt, sie schließt alle ‚Türen' und ‚Fenster', sie nimmt Besitz von ihrem ‚Haus'. Und ich sehe Weiten, Unermesslichkeiten, Abgründe. Sie tanzt über sie hinweg. Und am Ende ist da ein Ozean, dessen Wellen sich alle zu einem einzigen Punkt hinbewegen. „Tauche!", sagt sie. Und ich tauche.

[Medhananda kommentierte später:]
Es war ein Privileg, allein an einem solchen Ort zu leben. Wenn die Dinge, die ich dort erfahren durfte, mir inmitten von Menschen begegnet wären…! So viele psychische Raketen sind von dieser Insel aus gestartet – Raketen in die

Transzendenz. Mit den feinstofflichen Augen konnte man sehen, dass die ganze Landschaft glühte und wie zu Glas geworden war – alles transparent.

Lebendige Stille

Gewisse Gegenden der Insel beeindruckten so sehr durch ihre unergründliche Stille. Da gab es kein einziges Insekt. Die Seevögel kehrten erst abends zurück: Dann hatten sie einander viel zu erzählen und machten einen großen Radau. Ansonsten war es vollkommen still. Dann wendest du dich dieser lebendigen Stille zu, öffnest dich ihr und dem Leben um dich herum, besonders auch den Tieren. Sie sind rund um dich herum. Immer kommuniziert irgendjemand ganz vertraulich mit dir. Bei gewissen Gelegenheiten wurde die ganze Insel zu einer immensen Ekstase und einer einzigen Schwingung der Dankbarkeit und Freude.

Frage: Wie konntest du es ertragen, sie zu verlassen?

Es ist ein Ort, nicht für permanentes Wohnen, sondern nur für ganz besondere Auszeiten, im Sinne des englischen Wortes holidays: holy days, heilige Tage.

[Bevor Medhananda von Tahiti nach Pondicherry reiste, überflog er Mehetia in einem kleinen Flugzeug, um Abschied von der Insel zu nehmen.]

VIII

Im Sri Aurobindo Ashram

Korrespondenz im Namen der Mutter

Kürzlich erhielt ich einen Brief aus Deutschland. Die darin gestellten Fragen waren rein rational-mentaler Natur, konventionell und oberflächlich, und das Foto, das dem Brief beilag, zeigte einen kalten, arroganten Mann, gleich einem preußischen Offizier. Da die Mutter mich mit der gesamten deutschen Korrespondenz betraut hatte, ging ich mit dem Brief zu ihr, um herauszufinden, was für eine Antwort ich darauf geben sollte. Während sie das Foto betrachtete, setzte sie sich so, dass ich über ihre Schulter das Foto zusammen mit ihr sehen konnte. Was ich jetzt wahrnahm, war kein preußischer Offizier mehr, sondern ein offenes, lichtvolles Gesicht voll strebender Sehnsucht. Die Mutter gab mir den Brief wortlos zurück: Ein Guru versucht in dieser Weise, uns bei jeder Gelegenheit, in jedem Augenblick, eine wahrere Art des Wahrnehmens zu vermitteln. Erleuchtung bedeutet, die Welt so zu sehen, wie sie wirklich ist.

Heute Morgen erhielt ich einen Brief aus Madras von einem der größten Bibliothekare Indiens mit der Frage, ob es für ihn im Sri Aurobindo Ashram wohl einen Platz gebe. [*Medhananda war verantwortlich für die Bibliothek im Ashram*]. Schon sah ich mich wie der letzte König Tahitis, der nach der Übergabe seiner Krone an die Franzosen beim morgendlichen

Rasieren ein Loblied komponierte – es wurde zur National-
hymne Tahitis –, in dem er sagt: „Ich bin so glücklich …".

Frage: Hast du es Mutter vorgesungen?

Beinahe. Aber die Mutter sagte: „Nein, dieser Bibliothekar ist
zu groß für uns."

Ausstellung über China

Beim Frühstück kam mir der Gedanke, dass die nächste
Ausstellung in der Bibliothek über China sein könnte. Wir
haben hier einige schöne Dinge zum Thema chinesische
Kalligraphie. Diese ist ein echter Yoga mit Atemübungen,
die auszuführen sind, der Herzschlag muss ganz regelmäßig
sein – all das, um gut schreiben zu können.
   Als ich später zur Mutter ging, um ihren Blumensegen zu
empfangen, sagte sie: „Du könntest die nächste Ausstellung
über China machen – ich habe einige sehr hübsche Dinge."

Ananda Lahari, Welle der Seligkeit

Ich hatte in diesem Leben Shankaracharyas* *Ananda Lahari*
(*Welle der Seligkeit*) noch nie gelesen, bevor ich hierherkam,
aber die Hymne kam mir sogleich bekannt vor; von einigen
Passagen war mir Wort für Wort vertraut. Es gibt zum Beispiel
darin eine Stelle, wo es heißt: „Wenn ich rufe: ‚O Bhavani',
dann bist Du schon da, kaum habe ich Deinen Namen aus-
gesprochen."

Dies mag nach nichts klingen, aber es ist sehr subtil und völlig wahr. Als ich in Tahiti war und rief, kam die Antwort augenblicklich.

Unterbrochene Hymne

Gestern während der Meditation kam mir eine lange Hymne an die Mutter in den Sinn, mit Refrains.

Anschließend wurde Liszt gespielt, und die Verbindung wurde unterbrochen. Aber ein Satz aus dieser Hymne blieb mir: „Du hast die Adler der Transzendenz in die Umlaufbahn der Erde herabgerufen."

Eine verpasste Gelegenheit

Am Sonntag, als Subodha vom Tennisplatz zurückkehrte, brachte sie einen jungen deutschen Mann mit, um ihn mir vorzustellen. Am nächsten Tag fragte mich die Mutter nach meinem Eindruck.

Ich antwortete: „Wir sprachen eine Stunde lang, vor allem über seine Arbeit, nicht aber über spirituelle Dinge." „Ah?", sagte die Mutter. Zu meiner Entschuldigung fügte ich hinzu: „Wenn man keine Frage stellt, erhält man keine Antwort – so wie in der Geschichte von Perceval*", und fügte dann hinzu: „Dieser Besucher wusste nicht, was Yoga ist."

„Aber ja", antwortete die Mutter, „nur wenige Leute wissen, was Yoga ist, sogar jene, die denken, sie wüssten es." Zu guter Letzt ergänzte ich: „Und dann roch er noch nach Alkohol." Die Mutter lachte: „Das ist eine ausgezeichnete Gelegenheit, um direkt Zugang zum psychischen Wesen zu finden."

Als dieser junge Mann kam, wusste ich nicht, dass die Mutter ihn mir geschickt hatte, sonst hätte ich ihn freundlicher empfangen. Nicht nur stellte er keine einzige Frage, er merkte nicht einmal, dass er da in einer Bibliothek war. Er sagte nur: „Es hat hier viele Bücher." Ich zeigte ihm eine Zeitschrift mit dem Titel „Yoga" und äußerte vorsichtig: „Kennen Sie das?" Er fragte: „Um was geht es da, eine Art Sport?" Ich sagte: „Ja, es ist ein Sport!"

In der Stunde, die wir zusammen verbrachten, entstand ein gewisser Kontakt zwischen uns. Er erzählte mir ausführlich von seinen Problemen. Aber es war mir nicht danach, mit jemandem, der nach Alkohol roch, über die Mutter und Sri Aurobindo zu reden. Und da sind wir – mit unseren vorgefassten Meinungen, unseren beschränkten Vorurteilen!

Ich rekonstruierte danach das ganze Geschehen: Als die Mutter auf dem Tennisplatz eintraf, stand er da und schaute, an die Mauer gelehnt, aufs Meer hinaus. Es war ihm nicht bewusst, dass er auf privatem Grund stand. Sie sah ihn einen Augenblick von hinten an. Er war ein wirklicher Riese, sehr groß und sehr jung. Er fühlte sich wohl ganz allein. Er muss das Meer sehr schön gefunden haben und war in eine Art Resonanz mit dieser Schönheit getreten. Die Mutter sah da sogleich eine Möglichkeit in ihm, und so sagte sie zu Pavitra: „Schick ihn zu Medhananda." Und Pavitra trug Subodha auf, ihn zu mir zu bringen.

Später stellte ich der Mutter eine Frage: „Was kann man hier jemandem sagen, der nichts weiß?" Das musste in ihr etwas bewegt haben, denn am folgenden Tag gab sie mir ein Blatt, auf dem sie formuliert hatte, wie man einem Fremden den Sri Aurobindo Ashram vorstellen kann: „Ein Zentrum der Erziehung, wo integrales Leben gelehrt wird."

Der Felsentempel

Auf der Rückfahrt von einem Ausflug nach Gingy mit Kindern der Ashram-Schule hielten wir am Fuße eines Hügels an, wo sehr steile Treppenstufen in die Höhe führten. Nicht wissend, was uns erwartete, stiegen wir die Treppe hoch. Sie führte zu einer Höhle im Berg. Wir fanden einen langen, engen, verlassenen Gang, in dem völlige Dunkelheit und absolute Stille herrschte. Wir mussten uns unseren Weg ertasten, um nicht hinzufallen. Leicht hätten wir in einen Brunnenschacht fallen können, wenn es auf unserem Weg einen solchen gegeben hätte. Schließlich erweiterte sich der lange Gang, und wir konnten ein kleines Licht und einen Priester sehen, der seine Puja ausführte.

Ich war etwas in Sorge um die lärmenden Kinder, die allem gegenüber so offen sind und nicht wissen, wie sie sich vor feindlichen Kräften schützen können. Zuerst schlug uns eine Welle unverhohlener Feindseligkeit entgegen. Dann ebbte sie ab. Der Priester führte seine Puja fort, ohne sich umzudrehen. Natürlich wusste er genau, dass die Kinder hinter ihm standen. Allmählich wurden alle still unter dem Eindruck des Gesehenen.

Der Priester erwies sich als nett. Er kam auf uns zu und gab jedem ein duftendes Blatt zu essen. Man spürte, dass er magische Kraft besaß. Hinter ihm befand sich ein sehr großer, liegender Vishnu* aus Stein, den wir uns aus der Nähe ansehen durften.

Zuerst schien es mir, als ob er auf dem Wasser schwimmen würde. Dann erkannte ich, dass dieser Eindruck durch ein Lichtspiel auf dem stark eingeölten Stein verursacht wurde, und dass Vishnu auf einer Schlange lag. Die Statue war so groß, dass man sie mit Hilfe einer einzelnen Lampe nicht in ihrer Gesamtheit sehen konnte. Die Geste der nach unten hängenden Hand Vishnus war ergreifend. Als wir seine ganze Körperlänge abschritten, entdeckten wir, dass eine Göttin neben ihm saß.

Wenn der Priester seine Lampe bewegte, entstand ein reges Schattenspiel, und tausend Reflektionen spielten auf dieser flüssig erscheinenden Wellenform aus schwarzem Granit, auf der eine dicke Ölschicht lag.

Bei späteren Ausflügen nach Gingy konnten wir diesen Tempel in der Hügelgegend nicht mehr finden.

Das Ende einer Nacht

Ich erinnere mich an das Ende eines Traums von gestern Nacht. Ich war auf einem hohen, sehr hellen Plateau. Dort waren Kinder, die ich sehr liebe. Es war ein sehr schöner, sehr wünschenswerter Ort. Die Zeit kam, Abschied zu nehmen, und wir winkten uns noch auf Wiedersehen, bevor ich nach unten ging. Ein Freund begleitete mich auf diesem Weg. Ich weiß nur, dass ich ihn sehr gut kenne, es war mir aber nicht möglich, ihn zu identifizieren. Er hielt meine Hand, und ich spürte eine große Vertrautheit und ein intensives Glück. Wir gingen in einem feinstofflichen Körper nach unten, unsere Füße berührten kaum den Boden. Als wir ganz unten ankamen, erwachte ich. Das ist alles.

Zurück bei den Menschen

In einem Wald oder auf einer unbewohnten Insel Sadhana zu praktizieren, ist ganz anders als in einer Stadt. Die alten indischen und chinesischen Weisen zogen sich für ihre Sadhana stets in den Wald zurück.

Meine eigenen inneren Erfahrungen in der Südsee waren stets eng mit der Anwesenheit des Ozeans oder mit Bäumen, Flüssen, Hügeln und Sternen verbunden. Der menschliche Aspekt des Erden-Bewusstseins war völlig abwesend.

Erst hier, im Sri Aurobindo Ashram, fand ich ihn wieder, aber gleichzeitig wurde mir auch gezeigt, dass ein Prozess des Darüber-Hinausgehens bereits im Gange ist.

1952, Blumen von der Mutter empfangend.

Gleichmut, unser Fundament

Als ich hierher in den Ashram kam, lagen Jahre der Ekstase hinter mir. Ich verbrachte Monate oft weinend vor Freude. Anfänglich ist der Körper überwältigt von diesen Erfahrungen, aber allmählich gewöhnt er sich an sie und kann sein Gleichgewicht schneller wiedererlangen.

In *Die Synthese des Yoga* erklärt Sri Aurobindo aber, dass das Ziel nicht darin besteht, immer noch größere, heftigere Ekstasen zu erlangen. Das Ziel ist Gleichmut. Fortschritt besteht darin, ein zunehmend integrales Fundament des Gleichmuts in uns herzustellen, in welchem unser ganzes Leben die unfehlbare Unterstützung für unser Sein und unser Werden findet.

Worte der Mutter

Der erste Darshan, den die Mutter mir nach meiner Ankunft im Ashram gab (am 26. Febr. 1952), vollzog sich in fast völligem Schweigen.

Sie sagte mir: „Schon seit langem begleite ich dich auf deinem Weg" – eine Aussage, die ich mir im Notizbuch meiner Erfahrungen notierte.

Vier Jahre später, am 5. April 1956, als ich am Vormittag zu der Mutter ging, um von ihr für mich und die Bibliothek die tägliche Blumengabe zu empfangen, sagte sie über die Manifestation des *supramentalen Bewusstseins** auf der Erde: „Nous avons passé le tournant, nous sommes de l'autre côté." (Wir haben den Wendepunkt überschritten, wir sind auf der anderen Seite.)

IX

Damit die Türen sich öffnen

Das Geschenk von Allem

Einst saß ich im Innern eines Kraters. Es war Nacht. Der Himmel war voller Sterne. Der Kontrast zwischen dem schwarzen Basalt, der sich in dieser materiellen Welt auftürmt, und der Weite, der Schönheit und dem Licht dieses Sternenhimmels war so überwältigend, dass ich weinen musste.

Ich rief nach der Göttlichen Mutter. Sie kam. Ich sagte Ihr: „Diese ganze Weite ist nur wie ein wenig Staub zu Deinen Füßen. Und ich bin so klein. Wie kann ich jemals eins mit Dir werden?" Da nahm mich die Mutter in sich auf und ließ mich erkennen, dass alles Bewusstsein ist, Bewusstseinsbewegung –, dass nichts groß und nichts klein ist, da *alles* Bewusstsein ist. Und sie schenkte es mir.

Der Schmetterling

In Tahiti gibt es viele kleine Lebewesen, die man nirgends sonst findet. Jede Insel hat aufgrund ihrer Abgeschiedenheit eine spezielle Fauna entwickelt. Jeder Baum hat seine eigenen Insekten. Es herrscht ein unglaublicher Überfluss und Reichtum.

Eines Abends, als ich am Lesen war, kam ein kleiner Schmetterling geflogen und setzte sich unten auf die Seite. Er war von einem matten, neutralen Grau, das sich nicht von dem Papier abhob, so dass ich ihn zunächst nicht einmal bemerkte.

Wenn man in einen Zustand der Ekstase kommt, wird man von einer immensen Freude erfüllt, ohne deren Ursache zu kennen. Die zunehmende Ekstase fühlend, hörte ich auf zu lesen. Ich fragte mich, was gerade vor sich ging – und erblickte dieses kleine Insekt auf meinem Buch. Auf den ersten Blick war nichts Außergewöhnliches an ihm. Aber als ich mich ein wenig nach vorne neigte, sah ich, dass seine Flügel wie mit Gold bestäubt waren. Die ganze Liebe und Schönheit des Universums war dort konzentriert.

Ich wurde so erschüttert – dieser kleine Schmetterling war aus den Tiefen der Nacht gekommen, damit sich in mir die Türen öffneten. In solchen Momenten gibt es keine Dinge oder Tiere mehr um einen herum: Alles ist eine sehr intime Botschaft. Alles ist da, nur für einen selbst. Seit jenem Tag kann alles, was ich betrachte, zu einem ‚Tür-Öffner‘ werden. Damit sich die inneren Türen aber öffnen, braucht es sehr viel Liebe.

Samadhi

Ich hatte mir ganz nah am Meer eine kleine Hütte gebaut. Die Wellen kamen sehr nahe an sie heran. Selbst bei ruhigem Wetter wälzte der große Seegang des Pazifiks seine Wellen an die Küste. In den Lagunen, die im Schutze von Korallenriffen lagen, war es absolut still. Aber mein Haus lag genau gegenüber einer Öffnung im Riff, und die Wellen rollten an dieser Stelle bis zum Strand.

So war ich an das ständige Rauschen des Meeres gewöhnt, an seinen Atem. Es war für mich wirklich wie ein lebendes Wesen. Sehr schnell tritt man in eine Beziehung mit ihm, und es ist leicht, mit ihm eins zu werden – es heißt einen sogleich willkommen.

Eines Tages war ich auf einem Schiff, auf einem dieser kleinen Schoner mit Dieselmotor, die von Insel zu Insel fahren und alle möglichen Dinge transportieren, Lebensmittel, Schweine, Tahitianer, Chinesen … Das Meer war außergewöhnlich schön, und plötzlich war ich im Zustand des Samadhi. Alles, was geschah, fand in mir selbst statt. Ich konnte die überschlagenden Wellen mit ihrem Lichtspiel entlang meiner Wirbelsäule spüren.

Ich war alles. Ich war die Wellen, der Wind, die Inseln, ich war die Kokospalmen, die Lagunen, ich war das Schiff.

In diesem Bewusstsein, das nicht mehr persönlich ist, nimmt man alles wahr, aber nicht mehr von außen. Alles geschieht im Innern, und man wird zu allem. Man spürt seinen Körper nur wie am äußeren Rande seiner selbst, wie eine Ballet-Tänzerin, die auf einer Zehenspitze balanciert.

Wenn man dann ganz Schwingung ist, wird der Körper so erschüttert, dass er diesen Zustand nicht lange aushalten kann – er würde bersten.

Cook's Bay in Moorea

Sie

Ich nenne es *Sie*, doch ist es weder *Er* noch *Sie*. Aber wie soll ich dieses Etwas nennen, das ganz Zärtlichkeit ist, ganz mütterliche Gegenwart?

Sie öffnete alle Tore für mich, und wenn ich Sie fragte, was zu tun sei, antwortete Sie: „Nimm alles als ein Spiel. Spiele mit dem Wind, mit den Wolken, mit dem Fluss, mit den rosa Sternennebeln …“

Gestern sagte ich zu Ihr: „Mutter, Du hast mir so viele Geheimnisse offenbart, Du hast mir so viele wundervolle Dinge geschenkt, aber Du hast mir noch keine Weisheit gewährt.“ Daraufhin kam wie ein Echo die Antwort: „Was du ‚Weisheit‘ nennst, ist eine Art der ‚Verteidigung‘. Glaubst du, dich gegen mich verteidigen zu müssen?

Die rosa Sternennebel

Eines Tages ermöglichte mir die Mutter, mit den rosa Sternennebeln zu spielen. Ich kann es nur wie ein Märchen erzählen. In diesem Märchen habe ich keinen Körper – ich bin reine Schwingung.

Ich komme dort an, wo die rosa Sternennebel sind und nähere mich ganz ruhig. Es ist, als ob etwas in tiefem Schlaf läge, ganz nach innen gewendet, etwas, das wartet, das sich nach einem schöpferischen Bewusstsein sehnt – ein Warten, das ganz bewegungslos, ohne jede Vibration ist.

Wenn du es berührst, wendet sich dieses nach innen gekehrte Bewusstsein nach außen. Es ist wie ein immenses Auge, das sich öffnet. Es ist wie ein weiter See, auf dem sich keinerlei Wellen bewegen. Aber die geringste Vibration, die es berührt, verbreitet sich sogleich über den ganzen See und

durchdringt ihn – ein See, der nebelartig und rosafarben ist.
Mit dieser Substanz ließe sich vielleicht ein supramentaler
Körper bilden.

Schaltknöpfe

Einige Jahre, bevor ich in den Sri Aurobindo Ashram kam,
hatte ich eine Erfahrung. Die große Mutter führte mich in
den immensen Raum grauer Substanz – eine Art ‚Kathedrale‘ elektronischer Kommunikation im Gehirn – und zeigte
mir all die Schaltknöpfe. „Siehst du, wenn du diesen Knopf
drückst, verschließen sich alle Türen des Mentals und der
Sinne – dann kannst du meditieren.“

Ich bat sie: „Mutter, ich wünsche mir nicht Wissen oder
Weisheit … Es gibt nur einen Schaltknopf, der mich wirklich
interessiert – derjenige für die Seligkeit.“ Und sie zeigte ihn
mir.

Nach einer gewissen Zeit des Übens hat man nicht länger
das Gefühl, einen Schaltknopf zu drücken, es ist vielmehr
eine andere Weise des Seins, die einem immer zur Verfügung
steht, eine andere Dimension des Bewusstseins, in die man
leicht eintreten kann.

Von Schaltknöpfen für psychologische Übungen zu sprechen, impliziert die einfachst mögliche Bewegung: Man
drückt den Knopf (macht eine innere Bewegung, wechselt
seinen Bewusstseinszustand), und das Resultat ist da. Diese
Unmittelbarkeit ist das exakte Gegenteil aller religiösen
Versprechungen, die stets auf die Zukunft und auf ein Jenseits vertrösten. Es ist wirklich eine elementare Bewegung
des Bewusstseins und erfordert sehr wenig Energie. Man
braucht nicht einmal etwas zu tun. Anstatt sich jahrelangen
asketischen Übungen zu unterziehen, drückt man einfach

den Knopf: In diesem Fall ist der Knopf das, was in uns die Verbindung mit dem Ego, dem *ahamkara* (in Sanskrit), dem Gefühl des Getrenntseins, unterbricht. Wenn wir uns von diesem trennenden Ichgefühl gelöst und befreit haben (wenigstens für einen Moment), werden uns bei vielen Gelegenheiten einfache, aber grundlegende Dinge enthüllt. Da wir nicht mehr jedes Geschehnis im Universum auf unsere eigene kleine, abgetrennte Person beziehen, beginnen wir, uns an allem zu erfreuen. Es regnet, und wir sehen den Regen nicht mehr in Bezug auf unsere persönlichen Pläne, die er durchkreuzen mag, jetzt steht er in Beziehung zu einer Welt des Glücks und Entzückens rund um uns herum; die Seligkeit der Regentropfen, der Wolken und Pflanzen kann uns jetzt erreichen.

Die Menschen sind so sehr daran gewöhnt, alles auf sich selbst zu beziehen, dass der befreite, selige Zustand nicht lange anhält. Aber wir können ihn wieder erlangen, indem wir den Knopf erneut drücken, dh. die Verbindung mit dem Ichgefühl des Getrenntseins erneut unterbrechen – immer wieder: Wir stimmen uns ständig auf die Frequenz der Seligkeit ein.

Shankaracharyas Buch *Vivekachudamani* beginnt mit den Worten: „Ich verneige mich vor Govinda*, welcher der Inbegriff der Seligkeit ist." Die meisten Leser jenes Buches mögen denken, dies sei bloß eine indische Form der Begrüßung, eine Art, dem Guru seine Dankbarkeit auszudrücken. Sie verstehen nicht, dass in einem Buch, in dem so oft der ‚Ozean der Seligkeit' erwähnt wird, die innere Haltung das Geheimnis ist.

In der Bhagavad Gita* nimmt Arjuna, Symbol für unser armseliges kleines Ich, das sich völlig getrennt und alleine fühlt, dieselbe Haltung gegenüber Sri Krishna ein, der –

symbolisch gesprochen – das Zentrum unseres individuellen Selbst ist, der Lenker des Wagens unseres Lebens. So verstehen wir dann, warum Arjuna sich vor Krishna verneigt. In einem gewissen Sinn verneigt er sich vor sich selbst: das kleine Ich vor dem großen Selbst. Es verneigt sich vor der Seligkeit.

Wenn wir jeden Atemzug bewusst erleben und das Atmen nicht mehr an ein Ego gebunden, sondern eine Bewegung des ewigen Werdens ist, brauchen wir keinen Schaltknopf mehr. Das Atmen selbst wird dann zum Schaltknopf. Und dies gilt für alles, für eine Begegnung mit dem Mond, oder mit einer Landschaft oder einer Hieroglyphe; sie alle können eine Türe in uns öffnen. Es sind lauter Schaltknöpfe. Wenn wir in das All integriert sind, wenn wir eins sind mit dem All, brauchen wir keinen Knopf mehr zu drücken – wir selbst sind dann der Knopf, der uns mit der Seligkeit des Universums verbindet.

Dennoch besitzen wir die Seligkeit nicht völlig, solange wir sie nicht auch in den physischen Körper herabbringen können. Wie wir gesehen haben, sind wir von dem Moment an, wo keine Bindung mehr an das Ego besteht, das Selbst, und das Selbst ist mit dem All verbunden, das übervoll von Seligkeit ist. Der physische Körper hingegen, der notwendigerweise eine *getrennte* Existenz ist, eignet sich nicht wirklich, um Seligkeit zu empfangen. Nicht nur ermüdet er schnell, weil er die intensiven Schwingungen nicht lange ertragen kann, es besteht auch die Gefahr, dass seine individuelle Körperform zerbricht.

Eine Lösung wäre, das Trennungs-Gefühl des Ichs aufzugeben, und dennoch die Existenz in einem individuellen physischen Körper als ein Spiel fortzusetzen. Sri Aurobindo arbeitete jahrelang an der Lösung dieses Problems; er bezeichnete es als: „Sri Krishna in den physischen Körper herabbringen“. Aus den Aufzeichnungen über seine Übungen und

Erfahrungen geht klar hervor, dass er diese Bewegung des Herabbringens der Seligkeit in den Körper immer wieder von Neuem beginnen musste. Schließlich gelang es ihm aber, diese grundlegende Seligkeit in seinem Körper zu bewahren, sogar, als er von einem Skorpion gestochen wurde!

Mit dem gleichen Problem befassten sich auch die alten Ägypter; sie versuchten ebenfalls, eine Lösung dafür zu finden. Das kommt in der Geschichte von RE*, der Sonne, Symbol für Bewusstsein und höchstes Selbst, zum Ausdruck. RE wird von einem Skorpion gestochen, und in seinem fürchterlichen Schmerz ruft er die große Mutter ISIS. Diese ermahnt RE, sich an seinen wahren Namen (seine wahre Wesens-Identität) zu erinnern. RE erinnert sich, dass er nicht auf einen Körper, ein kleines Ich, begrenzt ist, sondern dass er Licht, Bewusstsein ist, das große Selbst in uns, von dem Jesus sagt: „Ich und mein Vater sind eins."* Und sobald RE sich an seinen wahren Namen erinnert, löst sich der Schmerz des Skorpion-Stichs auf.

Sri Aurobindo übte, im ‚Haus‘ des Körpers zu bleiben, also in einer begrenzten Form zu sein, einer Art Körper-Ego, welches sich aber nicht getrennt fühlt, sondern lernen soll, die Seligkeit zu ertragen. Dazu musste Sri Krishna, die Seligkeit, selbst zu dem ‚Haus‘ werden, das die große Mutter Universum für ihn geschaffen hatte, musste das *Zentrum* dieses Hauses werden, das heißt, der Hüter und Führer seines inneren Bestimmungs-Weges, der Lenker des Wagens (wie in der Bhagavad Gita). Die Seligkeit muss der eigentliche Daseinsgrund für die Existenz des ‚Hauses‘ (des physischen Körpers) sein. Das geringste Ego-Gefühl trennt uns vom Universum. Die Gegenwart von Sri Krishna in unserem ‚Haus‘ verbindet uns aber mit dem Universum – Seligkeit kann im Körper wohnen.

Dies war der Sieg vom 24. November 1926, dem Tag an dem Sri Aurobindo das ganz große Sri Krishna-Erlebnis hatte: Schwingungen der Seligkeit erfüllten seinen Körper. Die Freude war so intensiv, dass sie kaum ertragen werden konnte.

Elf Monate später fand in Brüssel eine Physiker-Konferenz* statt, in der die weltbesten Quantenphysiker einstimmig bestätigten, dass die Materie nicht nur Korpuskel, sondern auch Welle (Schwingung, Vibration) ist. Die Materie ist also durch ihren Schwingungscharakter fähig, in Resonanz mit der Seligkeit zu treten, die ja intensive Schwingung ist. Diese wissenschaftliche Entdeckung der sogenannten ‚Quantenmechanik' und ‚Komplementarität', die nun schon einige Generationen zurückliegt, hat sich auf die menschliche Art des Denkens und Wahrnehmens leider noch nicht groß ausgewirkt und noch weniger auf die Erziehung und Ausbildung, die unseren Kindern geboten wird.

Der Sanskritname *Medh-Ananda,* der mir von der Mutter gegeben wurde, als ich in den Ashram kam, enthält (was die Seligkeit betrifft) einen Auftrag, ein Programm, das sich nicht nur auf ein einziges Leben beschränkt. Es geht um Seligkeit (Ananda) im Mental, d.h. im Denkwesen (Medha). Das will nicht heißen, dass ich die anderen Formen von Seligkeit nicht auch kennen würde, aber Seligkeit im Mental zu erfahren, ist besonders schwierig, weil der dualistische, analytische Verstand die Hauptwurzel des Egos ist, des Gefühls des Getrenntseins.

Die Natur hat sich Jahrmillionen hindurch große Mühe gegeben, das Mental* in die Existenz zu bringen, und es spielt eine durchaus wichtige Rolle. Innerhalb des mentalen Bereichs gibt es verschiedene Abstufungen, und auf den unteren Stufen ist das mental vor allem ein Instrument der

Trennung und Teilung, und es ist keine einfache Aufgabe, es die Seligkeit der *Einheit des Seins** zu lehren. Die Bedingung für Seligkeit ist immer die gleiche, nämlich die Abwesenheit jeglicher Bewegung des Ego. Man drückt den Knopf, man hört auf, ein Ego zu sein, und dann können auch die mentalen Funktionen – sofern sie nicht zusammen mit dem Ego verschwinden – aus ihrer Isolierung herauskommen und sich erfreuen und aufblühen in der Realität des Universums – des Ananda, der Seligkeit.

Dass Ananda eine fundamentale, universelle Kraft ist, kommt sehr schön in der hinduistischen Sanskrit-Formel *Sat-Chit-Ananda** (Sein-Bewusstsein-Seligkeit) zum Ausdruck. Zu denken, dass das Sein (*Sat*) ohne Bewusstsein (*Chit*) und ohne Seligkeit (*Ananda*) existieren kann, oder dass Seligkeit ohne Sein und ohne Bewusstsein existieren kann, ist ein Irrtum, der von einem Menschen, der auf dem Yogaweg ist oder der Philosophie studiert, unbedingt vermieden werden muss. Das Sein umfasst immer auch Bewusstsein und Seligkeit. Es *ist*, *war* und *wird* immer *sein*, eine Tatsache, die schon von den Vorsokratikern – insbesondere von Parmenides, den Platon den „Großen" nannte – erkannt wurde.

Wenn ich sagte: ,*Das Drücken eines Knopfs genügt, um in den Zustand der Seligkeit zu gelangen*', so wollte ich darauf hinweisen, dass die Seligkeit immer da ist. Wir leben in einem Universum, das *Sat-Chit-Ananda* ist. In Ananda zu leben ist der normale Zustand des Bewusstseins, und nicht – wie die Religionen verkünden – ein außergewöhnlicher Zustand, der nur durch lange akrobatische Übungen erreicht werden kann. Je mehr wir uns auf eine solche Akrobatik einlassen, desto mehr stärken wir das Ego-Gefühl, das uns von der Seligkeit trennt.

In Wirklichkeit muss Ananda also nicht erobert werden; um es zu finden, müssen wir uns lediglich trennen von der Trennung. *Satchitananda* ist unser natürlicher und ewiger Zustand. Alles, was benötigt wird, ist – wie Shankaracharya im Vorwort zu seinem *Vivekachudamani* hinweist –, sich vor der Seligkeit (unserem natürlichen Zustand) zu verneigen.

Wenn die Menschheit in ihrem Bestreben, hier auf Erden im Paradies zu leben, Erfolg haben will, ist es unerlässlich, dass *Sein-Bewusstsein-Seligkeit* als ein zusammenhängendes Ganzes wahrgenommen wird – ohne Lücke, Bruch oder Schnitt, die nur die Auswirkungen des analytischen Verstandes wären.

Dieses Drei-in-Einem, in dem das Einssein* dominiert, ist der Faden der Ariadne, der uns ermöglicht, dem Labyrinth zu entkommen, in das uns unser analytischer Verstand mit seiner Trennungstendenz gebracht hat. Im Labyrinth ist alles kompliziert, aber eigentlich ist alles so einfach.

Sri Aurobindos Planet

Habe ich dir schon erzählt, wie ich meinen Körper auf dem Markt von Papeete verlassen habe? Das war in der Zeit, als meine Frau die Kinder zur Schulung nach Frankreich brachte und ich mich während der Abwesenheit eines Freundes um seinen Apothekerladen kümmerte. Der Markt beginnt um 5 Uhr morgens und endet bereits um 06.30 Uhr oder 7 Uhr. Will man guten Fisch haben, muss man schon um 5 Uhr dort sein, wenn die Fischer vom Fischfang zurückkehren. Die Fische werden an einer Schnur aufgereiht verkauft, so dass man einen ganzen Bund von acht bis zehn Fischen kaufen muss. Auf diesem Markt war ich also. So früh am Morgen inmitten einer Menschenmenge zu sein, war recht ungewöhnlich. Plötzlich wurde mir bewusst, dass ich meinen

Körper irgendwo auf dem Markt, beim Betrachten der Fische, verlassen hatte.

Frage: Und was tat er dort, so ganz allein gelassen?

Nun, was alle tun… Die Leute tun dort nicht viel; er wurde ein wenig herumgeschubst. Als ich in meinen Körper zurückkehren wollte, konnte ich mich nicht erinnern, zu welchem Planeten ich gehörte, zu welchem Sonnensystem, in welcher Galaxie. Es gibt viele Planeten wie die Erde, einige davon sind bewohnt. Die Verbindung mit seinem zurückgelassenen Körper zu verlieren ist ein Problem, vor allem in einem expandierenden Universum, wo die Gefahr besteht, dass man sich immer weiter von ihm entfernt.

Ich war wie ein kleines Kind angesichts dieser unermesslichen Weiten, die mich zu fragen schienen, woher ich kam. Und plötzlich erinnerte ich mich: „Sri Aurobindo!" Ich kam von Sri Aurobindos Planet. „Ah!", schienen die kosmischen Wesenheiten auszurufen, die sich um den ‚intergalaktischen Verkehr' kümmerten. „Sri Aurobindo! Das hättest du gleich sagen können!" Und schon war der Kontakt wiederhergestellt mit diesem armen Körper dort, inmitten des Marktgetümmels.

Ich war gewohnt, den Körper zu verlassen und wusste, dass ich in ihn zurückkehren würde, aber normalerweise verließ ich ihn in einer ruhigen Ecke. Was sich da auf dem Marktplatz von Papeete ereignete, geschah unter dem unbewussten Schutz eines besonders freundlich gesinnten Volkes. In einer großen europäischen oder amerikanischen Stadt hätte daraus leicht eine Tragödie werden können.

Botschaft empfangen und verstanden

Unter den sogenannt ‚primitiven' Polynesiern waren Leute, die ein wirkliches Wissen hatten, vergleichbar mit dem der altindischen Veden. Sie sprachen von *Ta'aroa*, dem großen Selbst. Die Atmosphäre einiger ihrer Waldheiligtümer war auch nach hundert Jahren noch intakt und rein. Die dort immer noch vorhandenen eingravierten Zeichen deuten darauf hin, dass sie wirklich über ein großes inneres Wissen verfügten.

Auf unserem Grundstück in Moorea gibt es einen großen flachen Stein mit moosüberwachsenen eingeritzten Zeichen. Beinahe jeden Tag ging ich daran vorbei, ohne diese zu beachten. Eines Abends saß ich zur Meditation auf diesem Stein, und zufällig war es der 21. März, die Frühlingsonnenwende, wenn die Sonne genau im Westen, zwischen Muaroa und Rotui untergeht. Ihre fast horizontalen Strahlen schienen in einer Weise auf den Stein, dass die eingeritzten Zeichen erkennbar wurden. Die auffälligsten davon waren ein Pfeil und ein Bogen, die sicherlich von jemandem eingeritzt worden waren, dessen ultimatives Ziel das *Eine* war (ein Symbol, das auch in den hinduistischen und griechischen Mythen, z.B. bei Herakles erscheint). Ebenfalls eingeritzt waren mehrere stilisierte Sonnen und eine Schildkröte. In Polynesien, so wie in Indien und im alten Ägypten, symbolisiert die Schildkröte das verborgene Göttliche als Eines und Vieles: als Eines, wenn Kopf und Füße eingezogen sind, und als Vielheit, wenn Kopf und Füße erscheinen.

Es war kurz vor meiner Abreise nach Indien. Der Pfeil zeigte nach Westen. Seine Spitze lag in der Sonne, dem Einen, dem Ziel, das die Spitze bereits erreicht hatte. Und der Bogen hatte Flügel bekommen.

Dieses Zeichen aus alter Zeit fasste ich als eine für mich bestimmte Botschaft auf.

Bogen und Pfeil, in Stein geritzt von jemand, der das ultimative Ziel, das Eine, erreichen möchte.

Die höchste Verwirklichung

[Ein Text von Medhananda, den er in Tahiti in sein Tagebuch schrieb]

Es war die Stunde, die aller Zeit ein Ende setzte.
Es war der Tag, der alle Nächte transformierte.
Es war die Fülle, die alles Sehnen stillte.

Mein Herz wurde übervoll, und es brach.
Allein das All war nun mein Herz.
Eben noch war ich ein Mensch, und jetzt –
plötzlich, sind die Mauern eingebrochen,
der Schleier, der uns trennte, ist gefallen.
Das Licht, in dem alle Lichter Schatten sind,
ist mit Deinem Glanz verschmolzen.

Kein Gewand mehr – allein die spirituelle Form.
Was eben noch Gewand war,
ist zum Schmuck Deiner Göttlichkeit geworden.
Himmel und Erde – ein einziger strahlender Körper.
Heiligste Hände – die Erde, die meine Füße trägt,
der Wind – die süße Stimme,
sanfte Zärtlichkeit – die Wellen an den Ufern.

Zu tief das heilige Erschauern –
das Kind, aufgelöst in der Mutter.
Wie könnte es getrennt bleiben, wenn alles für es alles ist?
Hingebungsvoller Vater, liebende Mutter, traute Geliebte
und herzlicher Freund wurden zartes Kind.
Wie konnte meine Seele dies erfahren?
Meine Seele war nichts als Sehnsucht.
Und nun ist all ihr Sehnen erfüllt.

Die Empfindung, die mein Körper mir gab
und mir sagte, „Mein Fuß, meine Hand, meine Haut",
Du hast ihre Begrenzungen weggenommen,
und jetzt bin ich auch
die Wellen, der Sand, das Gras, die Sterne…

Und so habe ich mich in Dir aufgelöst,
und es blieb nur *ein* Wesen zurück –
die Mutter, ein Gefühl, das All,
ein Entzücken, ihr kosmischer Körper.

Was kein Sehnen sich ersehnen konnte,
kein Traum sich erträumen konnte,
kein Wunsch sich wünschen konnte,
kein Gedanke sich ausdenken konnte,
keine Hand erschaffen konnte,
Du gabst es mir,
als du mich mir nahmst.

Der liebende Schoß, der alles trug,
in ihm habe ich gelegen.

Die heiligste Freude hat mir alles gegeben,
als sie mir mein Ich nahm.
Der Jubel meines Herzens wurde zum Lied der Winde,
zum Erschauern meines sich auflösenden Ichs.

Und so musste das Herz brechen,
als Du ihm das Ganze gabst
und wolltest, dass alles das Wesen der Geliebten wurde.

Seligste Bewegung Deiner Unendlichkeit,
wieder zurücknehmend, was ihr gehört.

Wie hätten meine Augen dies ertragen können,
wenn der strahlende Glanz Deiner Göttlichkeit
sie nicht heilig gemacht hätte?
Wie hätte dieser zitternde Körper aufrecht stehen können,
wenn Deine Stärke ihn nicht erfüllt hätte?
Jetzt aber lass ihn wegfallen.

War ich es, der Dich trank?
Warst nicht Du es, in der ich ertrank?
Mein Tod war das Leben, das mich umgab,
der Schleier, der uns trennte.
Ja, und jetzt hast Du ihn gelüftet,
und ich bin heil und ganz so, wie Du es bist,
und mein Körper ist eins mit Deinem,
meine Seele eins mit Dir.

Wo sind die Schatten,
die meine strahlenden Augen einst sahen –
denn alles ist nur Licht?
Wo sind die Dinge, wenn alles Du allein bist?
Wo der Tod, wenn alles das Leben in Dir ist?
Wo die Grenzen, wenn alles Deine strahlende Gestalt ist?
Wo sind Sonne und Sterne
im goldenen Licht Deiner Göttlichkeit?
Wo die Erde im tanzenden Spiel Deiner Freude?
Wo das Meer in den Wellen Deines jubelnden Entzückens?

War das eben noch Sand, dieser goldene Staub?
War das eine Blume, dieser leuchtende Kelch?
War dies die Stimme des Meeres,
dieses jubelnde Lied deiner ewigen Kraft?
War das Luft, dieser duftende Schleier,
der alles streichelnd belebt?

Waren das die schimmernden Wellen,
die tanzend und spielend Dein Licht nahmen,
sich zuwarfen und mit mir und dem Sand
und dem Wind sprachen?
Und ich spielte mit ihnen wie im Garten der Mutter.

Und dann plötzlich brach mein Herz –

Du hast die Erde verwandelt, hast sie himmlisch gemacht.
Du hast die Materie verwandelt,
hast sie zu strahlenden Gedanken in Dir gemacht.
Du hast meine Augen erleuchtet,
hast sie fähig gemacht, Deinen heiligen Körper zu sehen,
ohne jegliche Verschleierung.

Meine Füße und meine Hände,
die einst Unheiliges berührten,
hast Du heilig gemacht,
auf dass sie Dich berühren können,
das Heiligste von allem Heiligen.

Und ihre Erfüllung

Es begann am Strand von Taunoa, in der Nähe des Flusses mit
den heiligen Aalen, die jeden Tag dutzendweise vorbeikamen,
um nach Futter zu betteln. Es war wie endlose Glückseligkeit,
endlos. Ich zog mich in meine Hütte zurück. So ging das
weiter, tagelang ...

Frage: Warst du nicht unglücklich, als es aufhörte?

Es gibt nichts mehr, das einen unglücklich machen könnte, alles ist verbrannt – die alte Persönlichkeit, alle Bindungen an die Familie, alles. Nichts ist übrig als ein Häufchen Asche, wie von einer Nova. Es sind keine Grenzen mehr da, man lebt in dauerndem Kontakt mit der Unendlichkeit und Ewigkeit.

[„Taunoa" heißt im Polynesischen „ich mit mir selbst allein". Der letzte König von Tahiti, Pomaré, gab dem Strand, wo heute das Hotel Royal Tahitien steht, diesen Namen.
Tatsächlich dauerte diese Erfahrung mehr als drei Wochen lang an, wie Medhananda später präzisierte.]

X

Wissen, das nie verlorengeht

Der Yoga der Zärtlichkeiten

Wenn man voll erwacht ist, wird jede innere Erfahrung mit allen Sinnen erlebt. Es ist dann eine integrale Erfahrung. Durch eine zärtliche Berührung werden wir gewahr, dass wir einen Körper haben, andernfalls würden wir ihn vergessen, er würde gar nicht existieren. Deshalb wird der ‚Yoga der Zärtlichkeiten‘ auf dem Weg, der zur Befreiung führt, nicht empfohlen, doch danach wird alles zu einer integralen Zärtlichkeit.

Wenn wir ‚Haut‘ sagen, beziehen wir die verschiedenen Hüllen, welche unsere physische Form umgeben, mit ein – all die feinstofflichen Körper, die nicht voneinander getrennt sind und sich bis hin zur größten Hülle ausweiten, Anandamaya-kosha*, unserer Hülle der Seligkeit (auch Kausalkörper genannt), die wir manchmal wie einen großen Mantel um uns fühlen. Die Griechen nannten diese Hülle ‚goldenes Vlies‘; sie kann ihre Seligkeit und ihr Wissen dem physischen Körper übertragen.

Ich erinnere mich an einen Tag …, ich schwamm im Meer und gab mich dem Ozean vollkommen hin; es war eine einzige zärtliche Berührung. Ein anderes Mal lag ich am Strand, und plötzlich fühlte ich den Sand unter mir ganz innig, er wurde zu einem göttlichen Körper, und ich wagte nicht, ihn zu berühren. Und hier im Ashram betrachtete ich an einem Darshan-Tag Mutters Fahne, die im Wind flatterte, und während längerer Zeit war ich der Wind und die Fahne und einige Raben, die einander schubsten, um über deren Rand hinabzugleiten.

Durch eine zärtliche Berührung lernen wir, dass wir einen Körper haben; einen Baum-Körper, einen Wolken-Körper, einen Ozean-Körper, einen Fahnen-Körper ... Die Erfahrung des Göttlichen ist jeweils eine ganzheitliche Erfahrung. Alles nimmt an ihr teil, das Sehen, Hören, Riechen, Schmecken, die Berührung, die Haut. Der Körper kann solch eine Intensität nicht lange ertragen – er müsste sonst zerbrechen... Manchmal fühle ich mich übervoll, so wie die ägyptische Schlange *Apop*, wenn sie die Sonne verschluckt hat.

Dieses Leben

Am Mittag hatte ich eine Erfahrung, wie man sie im Moment des Sterbens hat. Ich erinnerte mich an mein ganzes Leben, alles, was ich je gesehen und gehört hatte, alle Landschaften, die ich gekannt hatte – Landschaften, die wie Gesichter sind –, und dies von frühester Kindheit an bis heute. Alles zeigte sich mir, sogar Dinge, die das äußere Wesen nicht berührt hatten.

In solch einem Moment werden die Dinge anders gesehen, alles wird durch unser Bewusstsein wirklich ‚geschmeckt‘. Aus diesem Grund nehmen wir einen Körper an. Auf diese Art sieht die Seele die Erde, das ist ihr Verbundensein, ihre Liebe zur Erde und zum Universum. Mit dieser erhabenen Schau eines ganzen Lebens konnte der Heilige Franziskus vor seinem Tod sagen: „Es war erfüllend, es ist gut!"

[Diese Erfahrung hatte Medhananda ungefähr dreißig Jahre, bevor er seinen Körper (1994) verließ.]

Der sich transformierende Asura

Dante sagt, das Letzte, was noch beschrieben werden könne, sei die Königin der Engel – die große Mutter. Danach könne man nichts mehr beschreiben, weil es zu schön sei. Und mit Sankt Bernhard bittet er darum, dass er imstande sein möge, der Menschheit ein klein wenig von diesem Wunder nahezubringen. Ich las Dante wieder, weil ich kürzlich eine Erfahrung hatte und mich fragte: „Warum kann man davon nicht sprechen, es erklären, es mitteilen?"

Es war ein großer Asura*, der am Ende seines Wirkens angelangt war und zum glühenden Licht zurückkehrte. Wenn man sich diesem glühenden Licht nähert, beginnt alles, was unrein ist, zu brennen. Je näher man ihm kommt, desto reiner wird man. Es ist ein willentlicher Akt, und gleichzeitig wird er einem durch Gnade gewährt. Seine ganze Vergangenheit, all das Böse, das er getan hatte, ja das er zu tun hatte, musste der Asura jetzt in sich aufnehmen, absorbieren und es in seinem Wesen zur Harmonie bringen. Das Leiden, das er verursacht hatte, musste transformiert werden, damit er wieder in diese Sonne der Liebe, dieses Glühen, eintreten konnte. Mit jedem Schritt, den er machte, wurde er ein wenig mehr geläutert. Alle Wesen [Presences] waren gegenwärtig, um zu helfen. In diesem Zustand gibt es keine Trennung zwischen den Wesen: Alle nehmen an allem Anteil.

Sternen-Mensch

In einer Erfahrung habe ich etwas sehr Schönes gesehen. Ich wollte es mitbringen, aber fast nichts davon ist geblieben. Ich fragte: „Bin ich ein Stern, der träumt, Mensch zu sein, oder bin ich ein Mensch, der träumt, Stern zu sein?" Es war, als ob die Göttliche Mutter die Augenbrauen hochziehen würde: „Was für eine Frage!"

Doch Sie antwortete mir (ohne Worte natürlich) auf allen Ebenen des Seins (auf jeder Bewusstseinsstufe*, um genau zu sein), angefangen bei der untersten, wo solch eine Frage fast missbilligt wird, bis hinauf zur Ebene des Einsseins. Und jede Ebene, jede dieser Bewusstseins-‚Frequenzen' gab ihre eigene Antwort, die sich von all den andern unterschied. Je mehr man sich dem Einssein näherte, desto wunderbarer wurden die Antworten.

Und schließlich entdeckt man, dass Stern und Mensch eins sind: Der Stern (Licht) ist das Wellen-Energiefeld. Der Mensch ist das vom Energiefeld projizierte Korpuskel. Der Stern träumt davon, Mensch zu sein, und das Wellen-Energiefeld projiziert das Korpuskel. Umgekehrt träumt der Mensch davon, Stern zu sein – und das Korpuskel wird Welle (Schwingung), es geht wieder in sein Wellen-Energiefeld zurück.

Mutters Traumschiff

Die Mutter sprach einmal von einer ihrer Erfahrungen, in der sie sich auf einem Schiff befand mit Kurs auf ein neues Land. An dieser Reise nahmen auch Personen des Ashrams teil.[1]

Nie aber habe ich jemand von Mutters Traumschiff reden hören, auf dem ich oft reiste. Es fuhr in der Nacht, mit Pavitra* als Kapitän. Ich erwartete die Ankunft des Schiffs jeweils auf der Dachterrasse der Bibliothek in einem fein-stofflichen Körper, um dann schnell einzusteigen, denn es hielt immer nur für einen kurzen Moment an. Es fuhr rund um die Erde, und sehr früh am nächsten Morgen waren wir wieder zurück im Ashram. Das Schiff war groß und wie aus ätherischer Substanz. Zuerst dachte ich, dass viele Ashramiten an dieser Reise teilnahmen, doch niemand unter ihnen hat je davon gesprochen. Die Mutter war stets gegenwärtig, wenn auch nicht physisch sichtbar. Manchmal schwebte das Schiff einen Moment lang über der Treppe, die zu ihren Gemächern führte. Das war der wunderbarste Moment der ganzen Reise. Auf diesem Schiff zu sein, ermöglichte es, die Erde in psycho-logischer Sicht zu sehen, so, wie die Mutter sie sah. Das Schiff war da, um die auf der Erde lebenden Menschen segensreich an die Gegenwart des supramentalen Bewusstseins zu erin-

---

1 Die Mutter nahm in dieser Erfahrung die supramentale Welt sehr konkret wahr, und es wurde ihr dabei bewusst, dass – damit die physische und die supramentale Welt vereint werden können – eine Zwischenzone als Verbindungsglied gebaut werden müsse, was sie symbolisch als Schiff aus einer leuchtenden Substanz sah, auf dem mehrere ebenso leuchtende Personen von anderen lichten, großen Wesen eine Art ‚Schulung‘ für das supramentale Leben bekamen. Siehe in *Die Mutter, Gespräche 1958* (Originaltitel: *La Mère, Entretiens 1958*) das Gespräch vom 19. Febr. 1958.

nern, sie dafür zu öffnen, es ihnen zugänglich zu machen, zu versuchen, es ihnen da und dort direkt zu übertragen.

Diese Erfahrung war eng verknüpft mit der Person Pavitras, der seine Rolle als Kapitän mit Hingabe und Freude erfüllte. Nach seinem Tod hörten meine Reisen auf diesem Schiff auf. Ich kann nicht sagen, ob diese Reise nur ab und zu oder jede Nacht stattfand. Ich habe keine zeitliche Erinnerung daran. Auf eine Art mutete das Ganze sehr ägyptisch an: Der Pharao besuchte sein Königreich, in dem er regelmäßig Nil-aufwärts und – abwärts reiste – die Entsprechung zur Reise um die Erde. Es besteht kein Widerspruch zwischen etwas, das ewig stattfindet und dem entsprechenden Erlebnis, das in der Zeit geschieht. Mutters Traumschiff ist jedenfalls immer noch da – auf großer Fahrt.

Ewigkeit, die Geliebte

[Medhananda besuchte seine altgewordene (leibliche) Mutter in Deutschland, die er seit dreißig Jahren nicht mehr gesehen hatte, und seine beiden Brüder. Den Brief an Yvonne Artaud schrieb er, als er im Garten seines Bruders Hans-Peter saß.]

„… Es ist die Stunde der Abenddämmerung. Schwalben gleiten über die Oberfläche des Schwimmbeckens, um zu trinken. Der aufblasbare Plastik-Seehund zieht seine ruhigen Kreise. Ich sitze auf einer überdachten Schaukelbank, die sanft hin- und herschwingt. Familie und Freunde haben mich für einen Moment allein gelassen. Und Ewigkeit, die geheimnisvolle Geliebte, kommt, um mich zu besuchen. Die Sekunden, wie festlich geschmückte Schiffe mit geschwellten Segeln, von tausend Laternen beleuchtet, fahren majestätisch dahin, mit dem Gesang unsichtbarer Seeleute, – Melodien, so alt wie die Zeit selbst. Du erinnerst Dich …, die Zeit ist alt, aber Ewigkeit, die Geliebte wandelt sie um: In jeder Sekunde wird eine neue Welt geboren, wie Blumen, die so lange blühen, wie der angeschlagene Gong meines Glücks vibriert, jede einzelne Sekunde alle anderen in sich enthaltend. Die Zeit ist alt, doch die geliebte Magierin lässt diese, statt sie pedantisch genau Sekunde um Sekunde abzuzählen, in Feuerwerke der Freude explodieren – in meinem übervollen Herzen…

*1973, Medhananda zeigt dem Dalai Lama die Sri Aurobindo
Bibliothek.*

Jubelfeiern

Wenn wir etwas lange betrachten, entsteht nach und nach das Gefühl, dass die Dinge uns eine Frage stellen und von uns eine Antwort erwarten, bis wir entdecken, dass wir für alles der Beobachter, der Zeuge sind. Wir sind hier, um Zeuge dieser Blume, jenes Insekts, jener Wolke zu sein. Was ein einfaches Sehen war, wird zu einem kosmischen Akt. Es ist eine gegenseitige Entdeckung: Wir sehen uns in dem, was anders ist.

Das lässt uns verstehen, warum der Pharao bei seiner Jubelfeier *zwei Stühle** hatte, die Rückenlehne an Rückenlehne standen, obwohl es doch nur *einen* Pharao gab. Er sollte sich selber begegnen, er sollte der Zeuge seiner eigenen Göttlichkeit werden.

Auch Toth, der indische Makaken-Affe *[in der Obhut von Yvonne Artaud, die ihm den ägyptischen Namen Thoth gab]*, zeigte uns eines Nachmittags eine Jubelfeier; er verwandelte bei Einbruch der Dämmerung den unscheinbaren Garten in ein Fest,, in dem er (wie wir unsere Weihnachtsbäume) die Pflanzen mit verschiedenen Gegenständen schmückte. Ein wellenförmiges Girlanden-Band, das alles mit allem verband, war ein wichtiger Teil dieses Festes. Thots Handeln vereinte äußerste Zartheit mit feuriger Intensität. Er war in Jubelstimmung.

Ein Fest wie dieses krönt für immer die hinter den Dingen verborgene Einheit des Seins. „Schau doch, dein Garten – so ist er in Wirklichkeit immer!", schien Thoth zu sagen, aufrecht stehend – wie auf dem Balkon der *Epiphanie**.

Ein Korallenriff, wo jeder den andern frisst, kann uns wie eine Art Hölle erscheinen. Aber plötzlich siehst du es anders und erkennst: Es ist ein Paradies! Dies ist seine Glorifizierung. Jeder Fisch dort, jede Seeanemone, jeder Nacktkiemer musste sich unablässig in Tausenden von Exemplaren fortpflanzen, damit am Tage deines Besuchs die passende Anzahl Individuen einer jeden Gattung paradieren, vibrieren und aufblühen kann, und die ganze Lagune zu einem einzigen glorreichen Fest wird – eine Jubelfeier, die auch deine Jubelfeier ist, weil du alles als Teil deiner selbst siehst und die hinter allem verborgene Einheit des Seins spürst.

Fortbestehen des Alten Ägypten

Ein ähnliches Phänomen wie dasjenige des psychologischen Einverleibens, des ‚Absorbierens‘ des alten polynesischen Königtums in Moorea (vgl. S. 57-60) ereignete sich vierzig Jahre später, als wir Ägypten besuchten.

Die alten Ägypter verwendeten dasselbe Bild für Wissen wie die Polynesier, aber damals kannte ich es noch nicht. Sie sagten: „Iss das Auge des Horus“, was bedeutet: „Nimm das Wissen aller Archetypen in dich auf, absorbiere es.“

In einem gewissen Sinn geschah genau das. Aber der Prozess in Ägypten dauerte länger, war viel komplexer und – man könnte sagen – überwältigender, erschütternder.

Das Gedächtnis der polynesischen Kultur erstreckt sich tausend Jahre zurück in die Vergangenheit; aber das Bewusstsein, das im alten Ägypten und noch früher, in prähistorischen Zeiten zum Ausdruck kam, erstreckt sich über eine Zeitspanne von mehr als zehntausend Jahren. Während zwölf Tagen geschah dieses Absorbieren ohne Unterbrechung Tag und Nacht, und vor allem während des Schlafs. Ich sage Absorbieren, doch eigentlich war es eher eine Art des Sich-selbst-weitens, ein Identisch-sein mit einer unvergleichlich reichen, alles umfassenden Weise des Seins und Sehens, ein Zustand der Weisheit, in dem die beiden Reiche von Erde und Himmel als gleichwertig und als eines wahrgenommen werden, und in dem jede Bewusstseinsbewegung eine ewige Geburt ist, und in dem das Zeitalter von Sri Aurobindo und der Schwingungs-Physik bereits aufleuchtet.

Lange vor meiner Reise nach Ägypten hatte sich mein Bewusstsein schon weiter zurück als bis zu den Cro-Magnon ausgeweitet, doch ohne sie zu absorbieren. Dann plötzlich wurde diese Weitung zum sich erfüllenden Kreis. Keine Zwischenstadien fehlten mehr, alles fand seinen wahren Platz und seine Bedeutung.

Wenn ich heute das Symbol HU* oder den Falken oder das Nilpferd sehe, weiß ich, dass sie alle immer da waren, ein Teil meiner selbst. Ich habe sie nicht entdeckt, ich entdeckte mich selbst. Es ist mein HU, meine Stärke, mein Schutz. Ich verstehe jetzt, warum König Unas ‚Unas‘ genannt wurde, was ‚Sein‘ bedeutet: Man wird zum Meister seines ‚Seins‘, aber nicht in einer speziellen oder exklusiven Art und Weise. Das Sein schließt nichts aus, man entdeckt, dass es alles miteinbezieht.

In sich selbst ist man alles – unausweichlich. Welche Bedeutung ich auch in den Hieroglyphen erkenne, im Grunde bedeuten sie alle – vom Küken bis zur Eule, vom Krokodil bis zum Falken, vom Adler bis zum Geier – ‚ich selbst‘. Der Pharao schenkt der Göttin einen Spiegel, damit sie sich selbst physisch sehen kann. Und die Göttin ihrerseits schenkt ihm die Fähigkeit, sich selbst so zu sehen, wie RE (Symbol für das höchste Bewusstsein) ihn sieht. Und die *Litanei des RE* lehrt uns, wie RE die Katze sieht, oder das Krokodil, die Fliege, den Tausendfüßler: RE sieht sie alle als sich selbst.

Im alten Ägypten, wie auch in prähistorischen Zeiten, lebten die Menschen in einer nicht-anthropomorphen, nicht-anthropozentrischen Welt, aber in einer Welt, die humanisiert war. Man konnte mit allem sprechen, mit einer Biene, einem

Vogel, einer Ratte, einem Baum, einem Stern – was könnte uns näher sein als ein Stern?

Du hast mich gefragt, was ich in Ägypten sah. Es war nicht nötig, etwas zu sehen – ich konnte einfach schlafen, träumen. Alles war ich selbst. Alles und alle waren meine eigenen Träume, jeder Pharao war ein Traum; jeder Priester, jedes Tempelbild war ein Spiegel, in dem ich mich selbst sah, immer derselbe, und doch verschieden, stets mir ganz vertraut und doch immer wieder ganz anders.

Die Ägypter waren Seher. Das Eine, die Göttliche Mutter, konnte in vielen Gestalten erscheinen: Es war Mehen, die Schlange (Wellenenergie), aber auch die Kuh, welche mit ihrer Milch Süße und Fülle des Seins schenkt. Es war auch die Eule, die gerne in der Nacht unterwegs ist, es war der Wind, der die Fahne bewegt; es war das Wasser des Nils und dessen Sandbänke; es war ein Stern..., und so könnte man endlos fortfahren. Das Eine, das Göttliche, benötigte dies alles, um sich selbst wahrzunehmen und zu verstehen. Es war all die Hieroglyphen.

In allem sah ich die Einheit, Zweiheit und Vielheit des Seins, aber schließlich hat man nie etwas anderes gesehen als sich selbst – ein Traum, der alles miteinschließt, in dem man träumt, dass man alles ist, in diesem alten Ägypten, das ein einziger Traum war.

In Wirklichkeit lernte ich nichts Neues, vielmehr eignete ich mir neu an, was ich schon in mir trug, sozusagen in einem übermentalen Bereich. In Indien gibt es mehrere *Mahavakyas*, die aus drei Worten bestehen und genau dasselbe sagen: „Das bist Du" oder „Du bist das"...

Die Mutter sagte einmal, dass sie nie jemanden getroffen habe, den sie nicht wiedererkannt hätte. Sie meinte damit, dass sie in jedem Wesen, das ihr begegnete, einen Aspekt ihrer selbst erkannte.

Wenn der physische Körper schlief, war alles relativ leicht. Die Schwierigkeiten begannen, wenn ich in äußerlich normaler Weise zu funktionieren hatte – vielleicht auch, weil es so viele Touristen gab, geisterhafte Wesen aus der Zukunft, die wie Schatten inmitten vergangener Schätze wandelten, die sie nicht wahrnehmen konnten.

Was ich sah, waren nicht ‚Dinge‘. Selbst die gepflasterte Straße, die zur Unas-Pyramide führte, war kein Ding. Es war alles ein Fest. Es war ‚Schönheit, Schönheit, Schönheit!‘ – ein ägyptisches Mantra. Ich fand mich wie an der Spitze eines Pendels der Zeit, das mich jetzt fünftausend Jahre zurück in die Vergangenheit trug, und mich dann wieder zurückbrachte in eine verwüstete, vulgäre Welt inmitten entweihter Ruinen. Der Kontrast zwischen den beiden Welten war fast unerträglich. Einen kurzen Augenblick lang in der Zeit der fünften Dynastie in Sakhara zu leben, war eine tief bewegende ästhetische und psychologische Erfahrung. Wie liebevoll wurde damals alles behandelt, bemalt, geschmückt, verziert, in Düfte gehüllt, so dass es stets neu und frisch erschien!

Das ist die Erfahrung des alten Ägypten, alles ist neu. Schau dir die Schätze von Tut-ench-amun an: Sie sind wie neu. Und die Hieroglyphen: Sie scheinen eben erst geschaffen worden zu sein. Überall fühlte man sich wie in einem Heiligtum. Bei jedem Schritt bat man um innere Erlaubnis, um sicher zu sein, sich richtig zu verhalten. Und das gewaltige Bewusstsein, dieses innere Wissen um das ‚Einssein des Ganzen‘ zur Zeit des Königs Unas war schlicht überwältigend! Man stelle sich einen König vor mit dem Namen ‚Sein‘, der den psychologischen Weg von dem *Einen* in die *Vielheit* und von der *Vielheit* in das *Eine* beschreiben und ihm folgen konnte, wie es in seiner Pyramide detailliert aufgezeichnet ist.

Man konnte auch das Anschwellen der enormen Energiewelle spüren, die ein ganzes Volk emporhob und es dazu brachte, tausend Jahre lang Pyramiden zu bauen, die noch immer ihre Botschaft den Sternen übermitteln.

Der erste Pharao, der historisch bekannt ist, hieß Menes, der ,Permanente'.

Seine Herrschaft, die symbolhaft für die Herrschaft aller nachfolgenden Pharaonen steht (denn es gibt im Grunde nur einen Pharao), sie kann nicht enden. Auch das unerschütterliche psychologische Fundament des alten Ägypten, in dem die gesamte Skala des Bewusstseins schon aufleuchtet, symbolisch dargestellt und genutzt wurde, es kann nicht untergehen.

Es waren nicht Erinnerungen an vergangene Leben, die da hochkamen. Auch war es nicht Ägypten allein; es war viel mehr, es waren alle meine Leben, als ein Ganzes, jedes an seinem Platz, in seiner eigenen Rolle, seiner eigenen Funktion. Es war die Geschichte der Erde.

Frage: Wie siehst du dich selbst?
„Ich bin ein übervoller Ozean – überfließend ..."

Frage: Und die Manifestation?
„Sie ist ein Spiel des ewigen Kindes."

Wenn ich heute ein besonderes Detail vom gnostischen Wissen des alten Polynesien oder des alten Ägypten wissen möchte, muss ich eine spezielle Anstrengung machen, um mich nur an das eine oder das andere zu wenden, denn beide sind nahe beieinander und eng miteinander verbunden.

Das Bewusstsein verbindet alles, und deshalb kann Wissen nie ganz verloren gehen. Ein Aspekt ruft einen anderen hervor und führt schließlich zum Ganzen.

Eine in sich vollständige Botschaft

Dies ist die Transkription einer Tonbandaufnahme im großen zentralen Wohnraum (in Reddiarpalayam, Südindien), wo wir zusammen mit unseren Affen inmitten der Geräusche des Gartens und der Rufe der Gänse lebten. Es war dies kurz nach der Rückkehr aus Ägypten (1982). Medhananda war damals sehr krank und konnte nur sehr langsam, mit großen Pausen, sprechen. Es schien wie eine letzte, essenzielle Botschaft zu sein – obwohl er danach noch weitere zwölf Jahre lebte, und in dieser Zeit fünf Bücher über die tiefere, psychologische (gnostische) Bedeutung der Bilder im alten Ägypten entstanden, (die ja bis jetzt stets nur als religiös betrachtet werden).

Was ich von meinem Leben als wesentlich wahrnehme, ist, dass vielfältige Energien von unzähligen Bewusstseinsebenen ausstrahlen und in mannigfaltiger Weise reflektiert werden. Dies konstituiert die Phänomene des Universums, seine eigentliche Existenz in Bezug auf das, was wir ‚Wahrheit‘ nennen, seine Beziehung zum Selbst, zum Göttlichen.

Die unzähligen Wesen, die existieren, sind lauter Spiegel-Phänomene und können als solche verstanden werden. Wenn du das Universum als einen riesigen multi-dimensionalen Teppich sehen kannst, als einen Tanz von Photonen und Elektronen, die sich alle gegenseitig spiegeln, und wenn du dir zugleich bewusst bist, dass alle diese sich reflektierenden Strahlen aus einer gemeinsamen Quelle, einer einzigen Quelle stammen – wenn du das sehen kannst, bist du in einem erleuchteten Bewusstsein.

Die Sonne in den tausend Wellen des Ozeans gespiegelt zu sehen, oder den Mond in einem Tautropfen, oder dein eigenes Bild in einem Spiegel, kann der Ausgangspunkt für diese Erleuchtung sein; eine Erleuchtung, bei der jedes Element des Universums teilnimmt am Spiel der Spiegelungen aus einer einzigen Quelle – alle sich gegenseitig spiegelnd, und alle das Eine spiegelnd, alle von allen anderen erleuchtet, und jedes von dem Einen erleuchtet – das Eine sich selbst spiegelnd, überall, in allem.

Irgendwo in uns ist das *ursprüngliche Bild* bewahrt. Es projiziert sich immer wieder neu in das physische Universum als mannigfaltige Bilder. Und in diesen *vielen* Bildern das *ursprüngliche* Bild wiederzuentdecken, ist unser Entzücken. Da wir in einer Welt der Energien und wechselseitigen Spiegelungen leben, sind wir ein Bild der ursprünglichen Energie, welche das Bild projiziert hat. Und dieses Bild enthält selbst eine Energie, welche die Fähigkeit hat, sich in das *ursprüngliche* Bild wieder zurück zu projizieren.

Es gibt eine buddhistische Geschichte: Ein alter König sitzt vor dem Buddha und klagt, dass er jeden Tag älter werde. Seine Augen würden schwächer, er höre schlechter, das Gehen werde beschwerlicher – eine lange Liste von Klagen. Der Buddha lächelt und sagt: „Finde etwas in dir, das nicht altert." Der König antwortet: „Ich suche überall in mir, aber ich kann nichts finden." Und er fleht den Buddha an: „Bitte hilf mir!" Der Buddha fordert ihn auf, sich an etwas zu erinnern, das er als kleines Kind sah: „Versuche es so zu sehen, wie du es als kleines Kind sahst." Der alte Mann sagt: „Die früheste Erinnerung, die aufsteigt, ist, wie mich meine Mutter zum Baden an das Ufer des Ganges bringt. Das war sehr schön, der Fluss, das Licht, das Ufer, die Gerüche – ich erinnere mich an alles." Der Buddha fragt weiter: „Und in deiner Erinnerung – siehst du den Strom, die Sonne, das Glitzern auf dem Wasser mit den Augen eines kleinen Kindes?" „Ja", ist die Antwort des Königs. „Siehst du", sagt der Buddha, „irgendwo in dir kannst du die Dinge immer noch mit den Augen eines Kindes sehen."

In ähnlicher Weise haben wir irgendwo in uns die Fähigkeit, die Verbindung mit unserem *ursprünglichen Bild* aufzunehmen.

Unser Affe Pollo, der heute ja ein alter Herr geworden ist, war eines Tages ganz entzückt, als er – sich in einem Spiegel betrachtend – sein eigenes *ursprüngliches Bild* entdeckte. Seit langem hatte er sich nicht mehr so leuchtend gesehen.

Dieser ursprüngliche Glanz bleibt immer irgendwo in uns, bereit, sich erneut in die physische Welt zu projizieren.

Die Ära, die wir das paläolithische Zeitalter nennen, war auch ein heliolithisches Zeitalter, eine Zeit des Glanzes, in der unsere Vorfahren, die wir für primitiver als uns selbst halten, einen Höhepunkt von Selbst-Wissen erreichten. Es war das *Satya-Yuga**, das Zeitalter der Wahrheit. Es gehört zum Universum und manifestiert sich von Zeit zu Zeit. Es ist ein psychologisch ‚Goldenes Zeitalter‘ – wenn die Menschen keine Bücher oder Schulen oder Tempel brauchen. Dies war eine der schönsten Entdeckungen, die ich in meinem Leben machte, ja die mir zuteilwurde, eben die, dass das *Satya-Yuga* keine Tempel braucht, weil da alles Tempel – alles heilig – ist. Es ist ‚Fülle des Seins‘.

Ein Mensch kann völlig nackt durch die Natur gehen und vor Freude zittern bei allem, was er sieht und berührt. Dies ist der wahre Zustand des Menschen. Da ist keine Technologie nötig, es gibt keinen Bedarf dafür. In der Fülle des Seins verspürt man kein Bedürfnis mehr, irgendetwas zu tun.

Unsere Wissenschaftler, die versuchen, mit anderen, höheren und fortgeschreneren (außerirdischen) Zivilisationen in Kontakt zu treten, verstehen dies nicht. Es ist ihnen zwar instinktiv klar, dass dieses Universum bewohnte Planeten enthalten muss, die fortgeschrittener sind als wir. Aber sie verstehen nicht, dass diese Zivilisationen uns stets die Botschaft senden: Fülle des Seins, Pleroma – das Pleroma der Seligkeit, des weiten Sternenhimmels.

Im Schweigen dieser Fülle gibt es keinen Raum für Mitteilungen von Mäusen, die in ihrer technologischen Mausefalle – ohne Aussicht auf ein Entkommen – gefangen sind.

Natürlich gibt es auch Zwischenphasen, viele Yugas (Zeitalter) zwischen dem Satya-Yuga und dem Kali-Yuga.

Es ist das Ergebnis einer Art Schatten im Menschen, der ihn das Satya-Yuga ein wenig langweilig erscheinen lässt. Die Menschen genießen Unordnung, Drama und Tragödien. Sogar von dem prächtigsten Buch über Schmetterlinge hat man – wenn man es einige Male angeschaut hat – irgendwann genug.

Es handelt sich aber niemals um eine totale, absolute Wiederholung, die sich von Satya-Yuga zu Satya-Yuga fortsetzt. Es gibt zwar Wiederholung, aber die großen Lehrer der Menschheit bringen immer auch etwas Neues – ganz wunderbare neue Schritte. Sri Aurobindo ist ein Beispiel dafür.

Glossar

Ananda-maya-kosha, Kausalkörper, S. 152
Die indische Psychologie unterscheidet fünf ‚Körper‘, bzw. ‚Hüllen‘,
die sogenannten Koshas:
anna-maya-kosha, der physische Körper
prana-maya-kosha, der vitale Energie-Körper
mano-maya-kosha, der mentale Denk-Körper
vijnana-maya-kosha, der Körper der Intuition und Erleuchtung
ananda-maya-kosha, der Körper der Seligkeit.
Die fünfte, größte Hülle wird auch Kausalkörper genannt, weil sie alle
anderen ‚Körper‘ bewirkt, aufbaut.

Asura, S. 154
ist ein Sanskritwort für Dämon, Titan – eine kosmische Kraft, die sich
der göttlichen Ordnung und der göttlichen Absicht (der Evolution des
Bewusstseins) widersetzt. Er hat sich getrennt von der Einheit des Seins.
Als Vibrationen der Eifersucht, Habgier, Rücksichtslosigkeit, des Neids
und des Egoismus etc. sind ‚asurische‘ Kräfte auch im Menschen wirk-
sam. Der Mensch wird in der indischen Psychologie als ein Kampffeld
gesehen, wo Asuras und Devas (begrenzte und unbegrenzte Kräfte) miteinander kämpfen.

Aurobindo, Sri, S. 2, 15 etc.
1872-1950, in Kalkutta (Indien) geboren, verbrachte auf Wunsch seines
Vaters seine Schul- und Studienzeit in England, kehrte 1893 nach Indien
zurück und wurde Direktor des ersten national-indischen Colleges in
Kalkutta. Er kämpfte für ein unabhängiges Indien und wurde von der
britischen Regierung als politischer Revolutionär verfolgt und 1908 ver-
haftet. Während der einjährigen harten Gefängniszeit in Alipur wurden

ihm große spirituelle Erfahrungen zuteil, die in ihm eine tiefgreifende Wandlung bewirkten. Nach seiner Freilassung zog er sich nach Pondicherry in Südindien zurück (damals französisches Territorium), um sich ganz auf die innere Arbeit zu konzentrieren und ‚Instrument' zu werden für das von ihm wahrgenommene neue, intensivere Bewusstsein, das er später das ‚supramentale Bewusstsein' oder das ‚Wahrheitsbewusstsein' nannte. Das jetzige mental-rationale Bewusstsein ist nicht die höchste Stufe der Evolution. Ein Bewusstseins-Sprung (eine Mutation) kann durch das supramentale Bewusstsein bewirkt werden, weil dieses im Grunde bereits in allem involviert ist. Ohne Involution könnte keine Evolution stattfinden. Die Kraft, die ‚von unten ruft' und diejenige, die ‚von oben antwortet', sind zwei Pole derselben Wirklichkeit.

Der integrale Yoga Sri Aurobindos:
Mit Yoga ist ein Arbeiten am Bewusstsein gemeint. Durch Aspiration strebt man danach, sein Wesen an das höchste Bewusstsein, das Göttliche ‚anzujochen' und Eins-Sein zu realisieren. In Indien kennt man verschiedene Disziplinen und Wege, die dazu führen: Im *Karma*-Yoga wird selbstlose aufopfernde Arbeit geübt, im *Bakti*-Yoga Liebe und Hingabe an das Göttliche, im *Jnana*-Yoga Erkenntnis, Wissen durch direktes Wahrnehmen, im *Raja*-Yoga das Schweigen der unaufhörlichen Denkaktivität, um wahrzunehmen, was jenseits des Mentals liegt, und sich damit zu vereinigen (zu identifizieren).

Im *integralen Yoga* Sri Aurobindos werden all diese verschiedenen klassischen Yoga-Wege integriert. Nicht ein Zurückziehen von der Welt wird angestrebt, sondern eine Vervollkommnung aller Wesensteile: Körper, Vital, Mental sollen durch Aspiration und Hingabe, durch selbstloses, dem Göttlichen geweihtes Wirken in der Welt, durch ein Sich-Öffnen für das höchste Wahrheitsbewusstsein (das Supramentale) geläutert und transformiert werden. Yoga bedeutet essenziell eine *innere psychologische* Arbeit, welche die Umwandlung der gewöhnlichen Natur des Menschen zum Ziel hat.

Sri Aurobindos zahlreiche Werke – unter anderem *Die Synthese des Yoga, Das Göttliche Leben, Die Mutter, Das Ideal einer geeinten Menschheit, Essays über die Gita,* seine *Gedichte* und vor allem sein großes Epos *Savitri* – repräsentieren nicht nur eine Synthese der westlichen und östlichen Kultur, sondern sind unmittelbarer Ausdruck der fortschreitenden Höherentwicklung seines Bewusstseins.

Bewusstsein, S. 11, 26, 62
Bewusstsein ist viel weiter und umfassender als das rationale Denken, (mit dem sich unsere Epoche immer noch einseitig identifiziert). In der Evolutionsgeschichte der Menschheit, sowie in der Entwicklung eines jeden einzelnen Menschen lassen sich verschiedene Bewusstseinsstrukturen erkennen:

Bewusstseins-Ebenen (-Stufen, -Strukturen, -Frequenzen), S. 52, 155
Sri Aurobindo erkennt verschiedene Bewusstseinsstrukturen im Menschen. Er spricht von einem physischen, einem vitalen, mentalen, übermentalen und supramentalen Bewusstsein.
Auch *Jean Gebser*, der in Deutschland geborene Kulturphilosoph und Bewusstseinsforscher (1905–1973) erkennt, wie Sri Aurobindo, verschiedene Bewusstseinsstrukturen im Menschen und erläutert diese ausführlich in seinem Hauptwerk *Ursprung und Gegenwart*. Er nennt sie: Das archaische, das magische, das mythische, das mental-rationale Bewusstsein und das heute sich herausbildende integrale Bewusstsein.
In seinem Werk *Der unsichtbare Ursprung* schreibt er: „Dass es [das neue integrale Bewusstsein] heute weckbar ist, zeigt, dass es bereits in uns veranlagt ist, dass also die heute sich vollziehende Bewusstseins-Steigerung oder -Mutation – soweit sie als evolutives Geschehen gewertet wird – ein Nachvollzug ist, der dauernd aus der geistigen Kraft und der Transparenz des Unsichtbaren genährt wird. Hinzukommt, dass sich das wirklich Neue, wenn wir es zu ahnen beginnen, bereits ereignet hat…. Mein Konzept von der Herausbildung eines neuen Bewusstseins, das mir im Winter 1932/33 in einer blitzartigen Eingebung bewusst wurde und das ich seit 1939 darzustellen begann, ähnelt weitgehend dem mir damals dokumentarisch nicht bekannten Weltentwurf Sri Aurobindos… Eine Erklärung für das hier auftauchende Phänomen sehe ich darin, dass ich in irgendeiner Form in das geistige, ungemein starke und durch Sri Aurobindo ausstrahlende Kraftfeld einbezogen war…"

In der folgenden Aufzählung der verschiedenen Bewusstseins-Stufen (bzw. -strukturen) verwenden wir die Bezeichnungen von Sri Aurobindo:

Physisches Bewusstsein
Dazu gehören Körperempfindungen wie Hunger, Schmerz, Müdigkeit etc.

Vitales Bewusstsein
Zu unserer Lebens-Natur gehören Sinneseindrücke, Emotionen,
Gefühle, Wünsche, Leidenschaften, Anziehung und Abstoßung und
der Drang, in der Welt zu handeln.

Mentales Bewusstsein
Jener Bereich in uns, der mit der Gedankenwelt, dem Verstand, der
Vernunft, der Intelligenz zu tun hat. Sri Aurobindo erkennt innerhalb des mentalen Bereichs verschiedene Stufen des Denkwesens,
die er in seinen Werken (*Die Synthese des Yoga* und *Das Göttliche Leben*)
ausführlich beschreibt. Das gewöhnliche Denken kann in drei Funk-
tionsarten eingeteilt werden:

Physisches oder mechanisches Mental
Die mechanische, von Sinneseindrücken beeinflusste Gedankenak-
tivität.

Vitales Mental
Das von Emotionen, Gefühlen und Wünschen getriebene Denken.

Intellektuelles, analytisches, rationales Mental
Das intellektuelle, analytische, zu Begrenzungen tendierende Mental
ist laut Sri Aurobindo eine relativ niedrige mentale Fähigkeit, hat aber
im heutigen gesellschaftlichen Leben den höchsten Stellenwert.
In *Das Göttliche Leben* I (Kap. 24 ‚Materie‘) sagt Sri Aurobindo:
„Das Mental, wie wir es kennen, erschafft nur in einem relativen,
instrumentalen Sinn. Es hat unbegrenzte Macht zur Kombination,
aber seine *schöpferischen* Motive und Formen kommen zu ihm von
‚*oben*‘: Alle geschaffenen Formen haben ihre Basis im Unendlichen,
oberhalb von Mental, Leben und Materie. Sie werden hier aus dem
Infinitesimalen repräsentiert, rekonstruiert – gewöhnlich stark miss-
konstruiert. ‚Ihre Wurzeln sind oben, ihre Verzweigungen gehen
nach unten‘, sagt der Rig Veda.“

Die höheren Stufen sind in unseren überbewussten Wesensteilen bereits potenziell vorhanden; sie sind in uns laut Sri Aurobindo bereits involviert, aber bei den meisten Menschen noch nicht evolviert.

Höheres Mental (Higher Mind)
Ein leuchtendes Gedanken-Mental, das über eine stärkere Gedanken-Kraft und eine umfassendere mentale Sicht verfügt, welche überall Zusammenhänge, Verbindungen, Gemeinsames erkennt. Auf dieser Ebene ist man sich stetig und überall des Selbstes und des Einen (Ganzen) bewusst.

Erleuchtetes Mental (Illumined Mind)
Es ist nicht mehr nur ein Mental höheren Denkens, sondern ein Bewusstseinszustand spirituellen Lichtes. Hier tritt anstelle der bloßen Klarheit der Intelligenz die intensive direkte Wahrnehmung.

Intuitives Mental (Intuition)
„ … ist ein Bewusstsein, das näher am Wissen durch Identität liegt als die zuvor erwähnten Bewusstseinsebenen. Was im *Höheren Mental* das verbindende Gedanken-Wissen ist und im *Erleuchteten Mental* die direkte Wahrnehmung, ist hier das direkte Sehen der Intuition. Diese wahre und authentische Intuition muss von der Kraft der gewöhnlichen mentalen Vernunft unterschieden werden, die nur allzu leicht mit ihr verwechselt werden kann. Die Intuition ist eine Kraft, die plötzlich und in einem einzigen Sprung zur Erkenntnis kommt und nicht die üblichen Schritte des logischen Mentals durchlaufen muss. Sri Aurobindo sagt dazu: „Wäre das Bewusstsein … immer offen für das Wirken der Intuition, wäre es nicht möglich, dass Irrtum sich einmischt. Denn die Intuition ist ein scharfer Lichtstrahl, der vom verborgenen Supramental ausgesandt wird."
In *Die Synthese des Yoga*, S. 900, Kapitel ‚Auf dem Weg zur supramentalen Zeitschau' schreibt Sri Aurobindo: „Jedes intuitive Wissen rührt mehr oder minder direkt von dem Licht des sich seines Selbst bewussten Geistes (Spirit) her, das in das Mental eindringt. Der hinter dem Mental verborgene Geist ist sich aller Dinge in seinem Selbst und in dem Selbst aller Anderen bewusst. Er ist allwissend und fähig, das unwissende oder sein Selbst vergessendes Mental aus seiner

Allwissenheit entweder durch seltene oder durch ständige Lichtblitze oder durch ein stetig einströmendes Licht zu erleuchten."

Übermentales Bewusstsein ('Overmind')

Der Overmind, das übermentale Wahrnehmen, bildet eine Verbindung zum supramentalen Bewusstsein, das Sri Aurobindo auch Wahrheitsbewusstsein nennt. Von diesem höchsten Wahrheitsbewusstsein vermag der Overmind einzelne Wahrheiten als separate Identitäten herunterzubringen. Das Übermental ist quasi ein Delegierter des supramentalen Bewusstseins, ein Botschafter für die an sich noch in der kosmischen Unwissenheit befindlichen Seinsebenen.

Supramentales Bewusstsein ('Supermind')

Über oder jenseits der verschiedenen mentalen Strukturen wirkt – so Sri Aurobindo – ein supramentales Bewusstsein, ein Wahrheitsbewusstsein, eine göttliche Gnosis. Dieses höchste, universelle Bewusstsein (es ist gleichzeitig auch der Urgrund von allem) existiert und wirkt in der Wahrheit, in der Wesens-Einheit – und nicht, wie das Mentale, in ihren vordergründigen Erscheinungen und Teilungen. Das Supramentale ist Wissen durch Identität, kennt auf diese Weise das Selbst, das Sat-Chit-Ananda (Sein-Bewusstsein-Seligkeit), die Wahrheit in allen Manifestationen, den Ursprung allen Seins.

Medhananda: „Das Supramental ist das, was alles zusammenhält, ist das, was die ganze Leiter des Bewusstseins eint. Das Supramental bringt dem Mental Wahrheit."

Unser begrenztes physisches, vitales und mentales Bewusstsein kann durch Konzentration auf eine höhere, intensivere Bewusstseinsstruktur in uns gewandelt werden. Sri Aurobindo und auch Jean Gebser sehen diesen Prozess in der Evolution als bereits vorgezeichnet. Wir leben in einer Übergangsphase.

Bhagavad Gita, Krishna und Arjuna, S. 137

Bhagavad Gita, Sanskrit für 'göttliches Lied', ist Teil des großen indischen Mythos *Mahabharata*, dessen Kern vor ca. 3000 Jahren entstand, dem aber während der folgenden Jahrhunderte von verschiedenen Sehern und Weisen Ergänzungen hinzugefügt wurden. Im *Mahabharata* wird erzählt, wie fünf Prinzen (die Pandavas) durch eine List ihrer Vetter (der Kaura-vas) ihrer Rechte im Königreich beraubt werden und 13 Jahre ins Exil gehen müssen. Als sie zurückkehren und ihren Anteil am Königreich immer noch nicht erhalten, kommt es zum Kampf in der Schlacht von Kurukshetra. Krishna übernimmt die Rolle des Wagenlenkers für Arjuna (einen Pandava). Arjuna möchte nicht gegen seine eigenen Verwandten kämpfen, wird aber von Krishna belehrt (= Text der Bhagavad Gita), dass dies – in egofreier Haltung ausgeübt – notwendig ist. Es ist ein Gleich-nis des spirituellen Kampfes zwischen den widerstreitenden Kräften in uns selbst, ein Kampf um das psychologische, spirituelle Reich. Arjuna steht für unser vordergründiges, begrenztes Ich, und Krishna (dessen Wagenlenker im Kampf) für unser unendliches, göttliches Selbst, unser psychisches Wesen, das uns führt.

Brahmaloka, S. 114
Die Bewusstseinswelt Brahmas (im Vedanta würde man von der Bewusst-seinswelt Brahmans sprechen) steht in der hinduistischen Psychologie für das Gewahrsein unseres höchsten, wahren, unvergänglichen Selbsts. Brahman ist die unendliche, universale, immanente und transzendente Wirklichkeit, welche der ewige Urgrund alles Seienden ist.

Durendal, das Schwert Rolands, S. 78
Im französischen, im 11. Jh. entstandenen Rolandslied wird erzählt, wie Karl der Große von einem Engel ein besonderes Schwert erhält, das er seinem tapfersten Gefolgsmann im Kampf gegen die Sarazenen geben soll. Karl übergibt es seinem Neffen Roland, und dieser kämpft mutig gegen die Feinde (Schlacht von *Roncesvalles).* Als er seinen Tod kommen sieht, stößt er sein Schwert Durendal in einen Felsen, damit es nicht in feindliche Hände gerät.

Eins/Einssein, das Eine, die Einheit des Seins, S. 62, 140
Diese Ausdrücke stehen für eine integrale, alles miteinbeziehende Ganz-heit, eine Komplexität, keineswegs eine Reduktion, nicht eine monotone ‚Eins‘ (der Anfang einer Zahlenreihe), sondern ein polyphoner Zusam-menklang.

Epiphanie, Balkon der Ephiphanie, S. 161
Epiphanie (von altgriechisch *epipháneïa*, latinisiert *epiphanīa)* heißt ‚Erscheinung'. In der katholischen Kirche gibt es das Hochfest der *Erscheinung des Herrn,* das auch als Dreikönigsfest (jeweils am 6. Januar) bekannt ist. Gefeiert wird an diesem Tag, dass das *innen verborgene, unsichtbare* Göttliche sich uns *physisch (äußerlich)* zeigt. Im alten Ägypten zeigte sich der als göttlich erachtete Pharao in einer rituellen Geste jedes Jahr auf dem Balkon. Es war eine Symbolhandlung: Das im Inneren verborgene Göttliche, erscheint uns ab und zu im Außen (also körperlich, materiell) . Vgl. Medhananda, *Das altägyptische Senet-Spiel,* S. 216.

Gnosis, S. 26
Medhananda verwendet das Wort Gnosis im Sinne eines tieferliegenden, allem Seienden innewohnenden (aber nicht allem Seienden bewusst gewordenen) Wissens, eines psychologischen Selbst-Wissens, einer Selbsterforschung, Selbst-Erkenntis (das *Gnothi seauton* am Apollotempel der Griechen), ein Wissen durch Identität – und in Anlehnung an Sri Aurobindos Werk *Das Göttliche Leben,* in dem ‚Gnosis' auf 50 Seiten erläutert wird (im Buch II, Teil 2).

Govinda, S. 137
ist einer der Namen Krishnas (der göttlichen Kraft der Seligkeit)

HU S. 163
HU wird in Hieroglyphen mit Docht, Küken und Elefantenstosszahn dargestellt und ist der wahre Name der Sphinx (Sphinx ist ja die spätere griechische Bezeichnung). Gemäß den drei Hieroglyphen ist HU eine Kraft, die wir in uns mobilisieren können, die Fähigkeit, aus unseren Tiefen Energie heraufzuziehen (wie der Docht einer Öllampe), sie zu unseren Höhen zu bringen und auf dem Weg in die Höhe alle dazwischen liegenden Seins-Ebenen des kleinen Kükens, das wir sind, zu energetisieren. Siehe dazu Medhananda, *Die Pyramiden und die Sphinx* S. 98.

Ich und mein Vater sind eins, S. 139
ist eine Aussage von Jesus aus dem Johannesevangelium, 10,30. Siehe
auch 17,22: „Vater, die Herrlichkeit, die du mir gegeben hast, habe ich
auch ihnen gegeben, damit sie eins seien, so wie wir eins sind."

Identity Research Institute, S. 4
Medhananda und Yvonne Artaud gründeten 1978 das Identity Research
Institute (IRISI), eine Forschungsstätte für fundamentale Psychologie
und Bewusstsein (in einem riesigen, von Mango- und Kokosnussbäumen
bewachsenen Garten in Reddiarpalayam, einem Vorort von Pondicherry).
Was ist mit *Identity Research* (Identitäts-Forschung) gemeint?
Geht man davon aus, dass ‚Bewusstsein' ein zusammenhängendes Ganzes umfasst, das allen materiellen Erscheinungsformen zugrunde liegt
und diese durchdringt und sie bewirkt – in unterschiedlichen Graden der
Intensität und des Gewahrseins –, so gibt es nichts Fremdes, Gegenüber-
gestelltes, das erforscht wird (so verschieden es von uns auch empfunden
werden mag), sondern im Spiel der Verschiedenheiten ist in allem eine
Identität impliziert. Dieses neue Wahrnehmen ist die Grundlage all der
Forschung Medhanandas und Y. Artauds über Bewusstsein und Psychologie in Symbolen, Märchen, Mythen und auch bei Vorschulkindern
und Tieren, vor allem Makaken-Affen.

Maya, S. 94
In der Vedanta-Philosophie bedeutet Maya eine verhüllende Kraft: wenn
wir uns mit unserem Körper und mit unseren Gefühlen und Gedanken
identifizieren, wird unser wahres, unsterbliches Sein (Atman) wie von
einem Schleier verhüllt. Wir leben dann in Unwissenheit, sind uns unseres ewigen seelischen Wesens nicht bewusst.

Mental, S. 140, siehe *Bewusstseins-Ebenen, mentales Bewusstsein*

Muse (singe mir, Muse), S. 9
Vgl. Homer, Odyssee 1. Gesang „Sage mir, Muse, die Taten des viel-
gewanderten Mannes…"

Mutter (Mirra Alfassa), S. 3, 93

In Indien wird das universale, kreative Bewusstseinsprinzip *Mutter* oder auch *Shakti (Energie)* oder auch das *kreative Prinzip* genannt. Im Christentum entspricht diese hohe spirituelle Kraft dem *Heiligen Geist* (auch *Paraklet* genannt oder *Hagia Sophia = heilige Weisheit)*, in der jüdischen Mystik der *Shekina* oder *Ruach* (weiblich gesehen). Die große universale *Mutter* hat viele Aspekte und Erscheinungsweisen, sie zeigen sich vor allem in den vier göttlichen Kräften: Weisheit, Liebe, Vollkommenheit und Macht der Umformung. Sri Aurobindo erläutert in seinem Buch *Die Mutter* diese vier großen ‚Mutter'-Kräfte, die in Indien Maheshvari, Mahalakshmi, Mahasarasvati und Mahakali genannt werden und allem immanent sind, aber auch alles transzendieren. Am Schluss des Buches erwähnt er auch noch eine *fünfte Mutter*; ihr Wesensaspekt ist Seligkeit (Ananda). Diese manifestiert sich nur ganz selten, weil die Menschen noch zu wenig empfänglich für sie sind.

Die verschiedenen Kräfte der einen großen kosmischen Mutter können wir auch in uns wahrnehmen und intensivieren und durch Aspiration immer mehr zu verwirklichen versuchen, so wie Medhananda, der im vorliegenden Buch schreibt (S. 135): „Ich nenne es *Sie*, doch ist es weder *Er* noch *Sie*. Aber wie soll ich dieses Etwas nennen, das ganz Zärtlichkeit ist, ganz mütterliche Gegenwart in mir?"

Sri Aurobindo gab seiner spirituellen Gefährtin, der Französin Mirra Alfassa den Namen *Die Mutter*, weil er erkannte, dass sich die großen göttlichen Kräfte in ihr manifestierten, und sie diese verwirklichte (inkarnierte).

Sri Aurobindo sagte einmal über die Mutter:

«Es gibt eine göttliche Kraft, die im Universum und im Individuum wirkt und auch jenseits des Individuums und des Universums ist. Die Mutter (Mirra Alfassa) steht für all dies, aber sie wirkt hier im Körper, um etwas herabzubringen, was in dieser materiellen Welt noch nicht zum Ausdruck gekommen ist, um das Leben hier zu transformieren – deshalb solltet ihr sie als die göttliche Shakti betrachten, die hier zu diesem Zweck wirkt.»

So spricht denn Medhananda in seinen Berichten auch oft von der *Mutter* in dieser Personifikation.

Mirra Alfassa, 1878-1973, wurde in Paris geboren (mit ägyptisch-türkischen Wurzeln), war seit ihrer Kindheit auf dem spirituellen Weg mit vielen Erfahrungen und Realisationen, kam nach Aufenthalten in Algerien und Japan 1920 zu Sri Aurobindo nach Pondicherry (Süd-Indien) und wirkte mit ihm zusammen als Guru (spiritueller Lehrer) für die zunehmende Zahl der Sucher und Schüler auf dem Weg des integralen Yoga. Ab 1926 war sie verantwortlich für die Ashram-Gemeinschaft und gründete 1952 das *Sri Aurobindo International Centre of Education* und 1968 die internationale Stadt *Auroville*.

Naga(-s) S. 31
sind in der indischen Mythologie Schlangengottheiten oder -dämonen mit magischen Fähigkeiten, dargestellt als halb-menschliche, halb-schlangenhafte Wesen. Nagas symbolisieren vitale Kräfte, die Schutz geben oder Wächter sind von Schwellen, Türen, d.h. von Übergängen verschiedener Bewusstseinswelten, Bewusstseinszuständen.

Pavitra, S. 3, 123, 156
Pavitra (1894-1969) wurde als Philippe Barbier Saint-Hilaire in Paris geboren, studierte dort an der École Polytechnique, arbeitete als Ingenieur im Ministerium für Verkehr und Kommunikation, reiste 1920 nach Japan, um Zen-Buddhismus zu studieren, weilte ab 1924 in Klöstern der Mongolei bei tantrischen Lamas, und kam 1925 nach Indien zu Sri Aurobindo und der Mutter, die ihn als Sadhak aufnahmen. Sri Aurobindo gab ihm den Namen Pavitra (Sanskritwort für ‚der Reine‘) und unterwies ihn auf seine Bitte hin in der Meditation. Pavitras Notizen darüber wurden später als Buch *Conversations avec Pavitra* herausgegeben. Ab 1952 leitete er das neu gegründete *Sri Aurobindo International Centre of Education* und war auch jahrelang Generalsekretär des Sri Aurobindo Ashrams.

Perceval, S. 122
In der französischen, im 12. Jh. entstandenen Perceval-Legende (die zum Artus-Epos gehört), erzählt Chrétien de Troyes, dass Perceval es verpasst, den König nach dem Grund seines Leidens, bzw. nach der blutigen Lanze und dem Gral zu fragen; durch sein Fragen und Ergründen-Wollen der Ursache des Leidens hätte er dem König Heilung bringen können.

Physiker-Konferenz 1927 in Brüssel, S. 140
Auf der fünften Solvay-Konferenz im Jahr 1927 besprachen 29 Physiker und Chemiker (17 von ihnen hatten oder bekamen später den Nobel-

preis) das Verhalten der Elektronen und Photonen und diskutierten (unter anderem) über die ‚Wellenmechanik' von Erwin Schrödinger und Louis de Broglie, über die ‚statistische Interpretation der Wellenfunktion' von Max Born, das ‚Komplementaritäts-Prinzip' von Niels Bohr, die ‚Unbestimmtheits- oder Unschärfe-Relation' von Werner Heisenberg. Diese Theorien bringen alle zum Ausdruck, dass die Materie Schwingungscharakter hat, und diese damals ganz neue wissenschaftliche Erkenntnis bildet seither die Grundlage der Quantenphysik (auch Quantenmechanik genannt).

RE – Geschichte vom Skorpion, aus Ägypten, S. 139
Medhananda erläutert diese Geschichte in *Archetypen der Befreiung*, Kapitel: Mein Skorpion und die Erinnerung an die verlorene Seligkeit, S. 90-92

Sadhana, S. 46
Yoga-Disziplin, -Methode, -Ausübung.

Samadhi, S. 94
Versenkung, Sammlung, Einswerdung – ein Bewusstseinszustand, der über Tiefschlaf, Träumen und Wachsein hinausgeht, in dem kein Denken mehr da ist, kein Gegenüber, und in dem man mit dem Überbewusstsein verbunden ist.

Sapta Chatustaya, sieben Vierheiten, S. 38
Der Sanskrit-Ausdruck *Sapta Chatuṣṭaya* (gesprochen *Sapta Tschatuschtaya*) stammt aus der vedischen Zeit Indiens und bedeutet: *sapta* = sieben, *chatuṣṭaya* = Vierheit, Tetrade (sieben Vierer-Einheiten). Der Name lässt vermuten, dass damit ein altes Programm von sieben mal vier psychologischen Übungen gemeint ist, welche die Rishis zur Entwicklung innerer Kräfte und Fähigkeiten verwendet haben. Sri Aurobindo empfing intuitiv solch ein yogisches Programm und übte unablässig sieben mal vier psychologische Kräfte (es lassen sich anhand seiner Übungen die verschiedenen Stufen seiner spirituellen Entwicklung erahnen). Siehe Sri Aurobindo, *Archives and Research*, Vol. 10, April 1986, No. 1.

Sat-Chit-Ananda, Sein-Bewusstsein-Seligkeit, S. 141
Die drei Sanskritwörter stehen für Sein-Bewusstsein-Seligkeit und sind
im Vedanta ein Ausdruck für die untrennbare Ganzheit des Alls, bzw.
des Göttlichen. Es wird als *Drei-in-Einem* gesehen: In allem Sein ist
auch Bewusstsein, in allem Bewusstsein ist auch Seligkeit. Sri Aurobindo
schreibt: „*Sat-Chit-Ananda* ist das *Eine* [the One] in dreifachem Aspekt
(Sanskrit: *tridhâtu*). Im höchsten Bewusstsein sind die drei nicht drei,
sondern eines; Sein ist Bewusstsein, Bewusstsein ist Seligkeit, und so sind
sie untrennbar."

Satya-Yuga, Goldenes Zeitalter, S. 169
Die hinduistischen Schriften bezeichnen mit *Satya Yuga* ein Zeitalter der
Wahrheit, auch ‚Goldenes Zeitalter' genannt, eine Epoche der Harmonie,
in welcher der Mensch (unter gewissen Bedingungen und Beschränkun-
gen) die psychische Vollkommenheit seines Daseins verwirklichen kann.
Auf solch ein Goldenes Zeitalter folgt ein Zeitalter des Silbers, dann
der Bronze, danach des Eisens (Kali Yuga genannt), jedes weniger wahr
und harmonisch als das vorhergehende. Das Kali Yuga ist eine Epoche,
wo Verbrechen und Gewalt herrschen und Kriege sich über die Welt
verbreiten. Darauf folgt (wie in einer Spirale) ein neues Satya Yuga.

Shankaracharya, S. 121
ca. 788-820, in Kerala/Indien als Sohn eines Brahmanen geboren, war
der berühmteste Vertreter der Lehre des Advaita-Vedanta, durchwan-
derte ganz Indien als hinduistischer Philosoph und spiritueller Lehrer.
Er lehrte, dass es nur *eine* wahre Realität gebe, ein ewiges Prinzip, das die
Quelle aller Dinge sei; er nannte es Brahman. Die äußere Welt mit ihren
Erscheinungen sah Shankaracharya als Illusion (Maya); wichtig sei, überall und in allem das Ewige wahrzunehmen und es zu unterscheiden vom
Nicht-Ewigen: Brahman – so Shankaracharya – ist wirklich, das mani-
festierte Weltall (mit all seinen vergänglichen Formen) ist unwirklich
(Maya). Weiter betonte er, dass religiöses, intellektuelles Streben und das
Lesen der heiligen Schriften nicht genügten: Das Absolute (Brahman)
müsse erfahren werden. Ein Weg zu dieser Befreiung sei es, das Bewusstsein in unser Zentrum zurückzuführen, d.h., es von allen Gedanken,
Emotionen, vitalen Impulsen etc. leer zu machen. Die Ketten, die uns an
unsere Unwissenheit binden, könnten durch unser höheres Selbst gelöst

werden. Shankaracharyas Lehre hatte während vieler Jahrhunderte einen großen Einfluss auf die Religion, Philosophie und Kultur Indiens..

Subtil-Physisches S. 61
ist größer, weiter, transparenter als unser materieller Körper und gehört zum subliminalen Bewusstsein, einem hinter dem vordergründigen Mental, Vital und grobstofflichen Körper wirkenden Bewusstsein, das, wie Sri Aurobindo in seinen Werken betont, nicht mit dem „Unterbewussten" zu verwechseln ist; es ist nicht ein unteres (weniger bewusstes), sondern ein „dahinterliegendes" Bewusstsein, das größer und weiter ist als unser vordergründiges Wesen. Das innere mentale, vitale und subtil-physische Bewusstsein steht mit dem universalen Mental, Vital und der Materie (und den entsprechenden kosmischen Kräften) in direkter Verbindung und ermöglicht uns ein direktes Wissen, ein „In-Resonanz-stehen" mit ihnen. Siehe dazu auch A. S. Dalal, *Sri Aurobindo and the Future Psychology*, Kapitel 8: „Sri Aurobindo on the Subliminal".

Supramentales Bewusstsein, S. 129
ist ein von Sri Aurobindo wahrgenommenes, in der Evolution der Menschheit sich jetzt neu manifestierendes Bewusstsein, das über die bisher dominante mental-rationale Bewusstseinsstufe hinausführt. Sri Aurobindo nennt es auch Wahrheitsbewusstsein; der Kulturphilosoph Jean Gebser nennt es aperspektivisches, integrales Bewusstsein. Siehe dazu auch *Bewusstsein / Bewusstseinsstufen*.

Vishnu, S. 124
ist in der indischen Mythologie eine der drei großen göttlichen Kräfte: Brahma = Schöpfung / Vishnu = Erhaltung/ Shiva = Zerstörung und Neugestaltung. Vishnu liegt auf der Schlange Ananta, Symbol für die Welt der Vibrationen (Ananta = Sanskritwort für Unendlichkeit) und träumt die Entstehung der Dinge, die dann als Lotus (mit Brahma als Schöpfer darauf) aus Vishnu herauswachsen und sich manifestieren. Vishnu heißt Allesdurchdringender; er ist in allem immanent, transzendiert aber auch alles. Als erhaltende Kraft sorgt er für die kosmologische, menschliche Ordnung und inkarniert sich in Krisenzeiten immer wieder als Avatar, um die Welt zu erhalten.

Vitalkörper, S. 112, siehe unter *Ananda-maya-kosha*

Zwei Stühle an der Jubelfeier des Pharao, S. 161
Die Hieroglyphe zeigt uns zwei Sitze, welche auf
die äußere und die innere Persönlichkeit des Pharao
hinweisen, die auch mit der roten Krieger-Krone des
Eroberers und mit der weißen Priester-Krone des
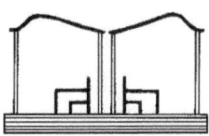
Erleuchteten dargestellt wurden). Siehe Medhananda, *Die Königliche Elle*
S. 183.

Zweites Gesicht, S. 39, 65
Das Wahrsagen, das Vorhersagen zukünftiger Ereignisse oder das Wahrnehmen gegenwärtiger oder vergangener Ereignisse.

Medhananda ist der spirituelle Name, den Mirra Alfassa (im Sri Aurobindo Ashram „Die Mutter" genannt) einem ihrer Schüler gegeben hat – dem in Deutschland geborenen Fritz Winkelstroeter (1908-1994), der seine Schulzeit in Pforzheim verbrachte und, neben Englisch und Französisch, schon früh Latein und Griechisch lernte. Trotz seines regen Interesses an den antiken Kulturen, ihren Symbolen und ihrer Spiritualität studierte er, wie sein Vater (ein wohlhabender Ingenieur und Industrieller) es wünschte, in München, Heidelberg und Paris Rechtswissenschaft. Während dieser Jahre hatte er das Glück, von dem hervorragenden Gelehrten Richard Wilhelm – der das „I Ging", das „Tao Te Ging" und viele andere antike Texte aus dem klassischen Chinesisch übersetzte – unterrichtet und in die chinesische Kultur und Denkart eingeführt zu werden.

Medhananda hatte bereits eine vielversprechende Laufbahn als Jurist vor sich, nahm aber wahr, dass in Europa ein großer Krieg ausbrechen würde und verließ daher 1934 mit seiner französischen Frau Deutschland. Sie wanderten nach Tahiti in Französisch-Polynesien aus, siedelten sich auf der Nachbarinsel Moorea an, wo sie 200 Hektar Urwald kauften, ein kleines Haus bauten und sich zum Anbau von Vanille und Kaffee als Farmer niederließen. Ihre drei Kinder wuchsen in dieser paradiesischen Umgebung auf.

In der unberührten Stille des dortigen Urwalds begann Medhananda, die verschiedenen Bewusstseinsstrukturen, die seinem Selbstgewahrsein zugänglich waren, zu erkunden.

Es bot sich ihm auch reichlich Gelegenheit, die vorchristliche Kultur, die uralte Gnosis Polynesiens zu erforschen und mit deren magisch-mythischen Symbolen in Berührung zu kommen.

Während des Zweiten Weltkrieges wurde er (ein Deutscher) nahe Tahiti als potenziell feindlicher Ausländer von Französisch-Polynesien fünf Jahre lang interniert.

Nach seiner Entlassung 1946 stieß er auf die Schriften des indischen Yogis, Dichters und Philosophen Sri Aurobindo. Tief beeindruckt, schrieb er Sri Aurobindo und wurde von ihm als Schüler angenommen. Während der oft wochenlangen Aufenthalte auf der einsamen polynesischen Insel Mehetia wurden ihm tiefe spirituelle Erfahrungen zuteil.

1952 ging er nach Indien in den Sri Aurobindo Ashram in Pondicherry, wo er von der ‚Mutter' (Mirra Alfassa) den Auftrag erhielt, die Sri Aurobindo Bibliothek zu betreuen und am *Sri Aurobindo International Centre of Education* mitzuwirken. Dort lehrte er während vieler Jahre vergleichende Religionsgeschichte, wozu er bestens qualifiziert war durch sein lebenslanges Erforschen der spirituellen Kulturen verschiedenster Kontinente und Zeitepochen – und auch durch seine eigenen spirituellen Erfahrungen.

1965 wurde er Herausgeber der Vierteljahreszeitschrift *Equals One*, für die er (auch unter verschiedenen Pseudonymen) zahlreiche Beiträge verfasste.

1977 lebte er ein Jahr lang in *Auroville* (nahe Pondicherry) mit seiner langjährigen Mitarbeiterin Yvonne Artaud und ihren Makaken-Affen.

1978 zogen sie von dort mit den Tieren nach Reddiarpalayam (einem Vorort von Pondicherry), wo sie in einem großen mit Kokospalmen und alten Mangobäumen bewachsenen Garten das Identity Research Institute gründeten, ein Forschungsinstitut für fundamentale Psychologie.

Das eigentliche Lebenswerk galt nach langjährigen Studien und einer Studienreise der Erforschung der Bilder, Hieroglyphen und Symbole des alten Ägypten. So wie sein Lehrer Sri Aurobindo in den Aussagen der Veden (der altindischen spirituellen Texte) eine psychologische Symbolsprache entdeckte, die tiefes inneres Wissen enthält (siehe dazu: Sri Aurobindo, *Das Geheimnis des Veda*), entdeckte Medhananda in den alten ägyptischen Hieroglyphentexten und Bildern – mit dem gleichen psychologischen Ansatz und Schlüssel – Botschaften der Selbsterkenntnis.

Medhananda – durch seine Herkunft und klassisch-humanistische Erziehung in der westlichen Kultur heimisch, durch seine in Polynesien verbrachten Jahre mit der dortigen zum Teil noch steinzeitlichen Kultur vertraut, durch seinen langen Aufenthalt in Indien mit der östlichen spirituellen Kultur verbunden und dazu durch seine Studien und Forschungen ein profunder Kenner der ägyptischen Kultur – fand nicht nur im alten Ägypten, sondern auch in den Bildern, Mythen und Märchen vieler anderer alten Kulturen Botschaften psychischer Erfahrungen, die in Symbolen ausgedrückt wurden. Uns diese alte Symbolsprache wieder verständlich und zugänglich zu machen, so dass wir dadurch uns selbst besser wahrnehmen und unsere vielen Seelenkräfte entfalten können, das war sein Anliegen.

Yvonne Artaud

Medhanandas langjährige Mitarbeiterin und Partne-
rin, 1924-2009, in Lyon, Frankreich geboren, arbeitete
als Zahnärztin für Kinder in Paris, bevor sie 1952
dem Sri Aurobindo Ashram in Südindien beitrat. Ihre
Aspiration war es, durch den integralen Yoga Sri Aurobindos ihr Bewusstsein zu vertiefen, zu intensivieren.
Sie unterrichtete in der Ashram Schule (dem Sri Aurobindo International Centre of Education) und wirkte
als vielfältige Künstlerin: Sie malte, schrieb Gedichte
und Bühnenstücke.

Von 1963 an befasste sie sich intensiv mit der Psychologie und der
Bewusstseinsentwicklung von Vorschulkindern und auch derjenigen der
Primaten Süd-Indiens. Zahlreiche Artikel und Studien zum Thema Tier-
psychologie und Kinder-Früherziehung (auch vorgeburtliche Erziehung)
wurden von ihr verfasst. Sie kreierte vielfältige Materialen, Erziehungs-
und Bewusstseinsspiele – darunter auch die Aurograms, Symbolkarten
zur Förderung der Ausdrucksmöglichkeiten des Kindes, das auf diese
Weise sein Innerstes und seine Sicht der Welt spielerisch kommunizieren
kann. Ihre weiteren Symbolspiele ‚Der Weg des Helden Herakles' und
‚Das große Haus' erwiesen sich in der Praxis als große Hilfe für die
Förderung einer holistischen Entfaltung und Entwicklung des Kindes.
Yvonne Artaud war Mitautorin von Medhanandas Zeitschrift *Equals
One*, und auch von seinen fünf Büchern über alt-ägyptische Symbol-
bilder.

Weitere Bücher von Medhananda

DER WEG DES HORUS
Bilder des inneren Weges im alten Ägypten

ARCHETYPEN DER BEFREIUNG
Psychodynamik im alten Ägypten

DIE PYRAMIDEN UND DIE SPHINX
Wie die alten Ägypter sie in ihren
Hieroglyphen-Inschriften sahen

DIE KÖNIGLICHE ELLE
Selbstfindung im alten Ägypten

DAS ALTÄGYPTISCHE SENET-SPIEL
Das Spiel der Archetypen

AUF DER SCHWELLE
ZU EINEM NEUEN BEWUSSTSEIN

VERBORGENE WEISHEIT
in der Symbolsprache alter Mythen, Märchen,
ägyptischer Bilder und im Thomasevangelium

DER GARTEN DES MENSCHEN
und andere Symbole zur Selbstentdeckung

DEINE VIELEN SEELENKRÄFTE
im Spiegel der Märchen erkennen
Band 1 und Band 2

FLAMMENWORTE
28 Gedichte von Sri Aurobindo in englischer Originalfassung
und deutscher Übersetzung von Medhananda und Agnidhan

DAS UNENDLICHKEITSSPIEL
ein Meditationsspiel (mit 64 Karten)

Siehe auch: www.medhananda.com
www.liberating-symbols-publishing.com